全球化与对话

Globalization and Dialogue

第一辑

范丽珠　［美］陈　纳 主编

中国社会科学出版社

图书在版编目(CIP)数据

全球化与对话．第一辑／范丽珠，（美）陈纳主编．—北京：中国社会科学出版社，2018.7

ISBN 978-7-5203-2801-2

Ⅰ.①全…　Ⅱ.①范…②陈…　Ⅲ.①全球化-研究　Ⅳ.①C913

中国版本图书馆CIP数据核字(2018)第149086号

出 版 人　赵剑英
责任编辑　李庆红
责任校对　郝阳洋
责任印制　王　超

出　　版　中国社会科学出版社
社　　址　北京鼓楼西大街甲158号
邮　　编　100720
网　　址　http：//www.csspw.cn
发 行 部　010-84083685
门 市 部　010-84029450
经　　销　新华书店及其他书店

印　　刷　北京明恒达印务有限公司
装　　订　廊坊市广阳区广增装订厂
版　　次　2018年7月第1版
印　　次　2018年7月第1次印刷

开　　本　710×1000　1/16
印　　张　12
插　　页　2
字　　数　201千字
定　　价　49.00元

卷首语

全球化时代　对话的时代

范丽珠　［美］陈　纳

今天的世界，随着全球性经济发展与一体化的日益加深，形成了新一轮大发展的态势。无论有多少不同的声音，全球化已是大势所趋，建立人类命运共同体是全球发展的必由之路。整个人类的命运前所未有地绑在一起，不同的国家、民族之间越发祸福与共、休戚相关。诚如习近平主席指出的："我们生活的世界充满希望，也充满挑战。我们不能因现实复杂而放弃梦想，不能因理想遥远而放弃追求。没有哪个国家能够独自应对人类面临的各种挑战，也没有哪个国家能够退回到自我封闭的孤岛。"①

全球化的时代要求我们提高对跨文化问题的认识，促进多元文化之间的对话，这既是学术的问题也是实践的问题。本书向读者呈现的就是国内外多学科领域的学人从不同角度探讨全球化与跨文化对话的实践和理论。其中既有关于文化和跨文化问题的理论探讨，也有来自田野的案例和区域性发展的研究，还有走进"一带一路"沿线地区和国家与不同文化相遇的真实体会。"一带一路"倡议以中国与诸多国家加强合作、发展共赢为目标，无疑为全球化注入新的生机与活力，也是对文化间互动和跨文化对话研究的邀约。中国越来越密切地融入复杂多样的世界体系，面对巨大的不确定性。尤其值得注意的是，由于地理、历史、经济、政治、宗教、文化等各方面的差异，中国在走向世界的道路上势必会遭遇难以预期的文化难题，甚至文化冲突（毕竟，每一个特定的文化都有其自身的文化逻辑和行为方式），可能导致各种各样始料未及的后果。坦诚地说，匆匆走向世界的中国人，突然置身于全球范围的多文化和跨文化的情境，既缺乏经

① 习近平：《决胜全面建成小康社会　夺取新时代中国特色社会主义伟大胜利——在中国共产党第十九次全国代表大会上的报告》，人民出版社 2017 年版，第 58 页。

验，也缺乏研究。因此，我们要借助中外学者之力，从多学科、跨学科的视角出发，探究不同文化群体在互动过程中的现象、规律和本质，促进跨文化的对话、沟通和理解，为在“和而不同”的多元文化基础上建构人类命运共同体问道铺路。这是我们的希望，也是出版本集刊的宗旨。

本书的开篇是列奥纳多·斯维德勒（Leonard Swidler）的《何为对话?》。他从理论上定义了不同宗教、不同意识形态和不同文化之间的对话，探讨了对话兴起的原因，并系统论述了对话的必要性，以及对话的主体、主题、种类、目标、方法等。斯维德勒指出，由于人的局限性，对话的任何一方对真理的把握都是相对的，所以，对话是一种双向的沟通，需要互相尊重、互相学习、互相理解。他强调，人类是历史性的存在，要在漫长的历史进程中通过对话真正完善人类生活的共识。

尽管全球化主要以经济合作以及经济上的成就为目标，但是，文化的维度是不可忽略的一部分，而且，文化差异作为一个变量往往会直接或间接影响到经济和政治的合作。马克斯·韦伯（Max Weber）曾揭示现代社会的道德状况因受困于相互抵触的不同价值而处于不可调和的紧张状态,[①] 而要克服由此而带来的困境，恐怕只有通过彼此接触、互相了解、对话沟通。赵文词（Richard Madsen）的文章指出，中美两国在价值观念和思想方法上的差异尤其表现在不同的“社会想象”，然而，双方的许多“价值碎片”又是相互叠合的，因而能够在一些基本的价值问题上达成共识。他相信，通过长期有效的对话，我们能够为所有人的“共同善”促成有效的和平。陈纳、范丽珠对近年来欧洲接连发生的恐怖袭击事件和文明板块结构的历史变迁进行了分析，指出当今世界倡导“和而不同”价值的重要性；在全球化进程中，曾经是“鸡犬相闻，老死不相往来”的不同文明板块正以空前的速度走向彼此，形成你中有我、我中有你的局面，文明冲突论的地缘政治基础正在发生实质性的变化。

欧大年（Daniel Overmyer）指出，在生活世界中，无论是出自哪种文明，民众在表达信仰以及仪式方面都有相当一致的地方，比如，纪念神明或圣人而举行的一年一度巡游，在印度，日本，南亚，墨西哥，中国大陆、中国台湾，或其他地方都有类似的巡游活动。这些活动是民众广泛参

① Max Weber, “Religious Rejections of the World and their Pirections”, in H. H. Gerth and C. Wright Mills eds., From Max Weber: *Essays in Sociology*, New York: Oxford University Press, 1958, pp. 323-359.

与的复杂的信仰仪式的一部分，反映了普通民众与其社区中代表神明力量的象征符号之间的直接沟通。认识这种共通之处，将有助于人们理解“和而不同”的可能性和现实性。陈明在其文章中以中国历史上形成的回儒传统为例，说明一个国家内部不同族群之间的文化理解与文化系统的建构整合都是可以实现的；回儒传统的历史为避免所谓“文明冲突论”向现实演变提供了一个典范。

全球化让中国走向世界、世界走进中国。如今，在世界各地都能看到中国人的身影，他们在努力地工作、生活着。曹南来向我们展示了在欧洲的中国移民如何一方面保持既有的老乡与族人基于地缘和血缘的社会信任网络，一方面融入所在国的经验。在这个过程中，宗教侨领以及华人教会提供了家国情感的面向，这种非市场关系导向的互联纽带强调的是社区精神、互通有无和财富的再分配，为华人产业在海外发展的可持续性做出贡献。袁卿从非洲发来的文章指出，在非洲工作生活的华人，无论是参与国家工程还是经营私人企业，都需要尊重当地的文化、与当地的民众交流，从而发现和认识彼此。真正能在深层次上实现文化交流与理解的只能是身在非洲的普通中国人。因此，中非文化交流应摆正心态，不仅仅是向非洲传播中国文化，更要本着平等的心态，吸收借鉴对方的文化，求同存异，才能使文化真正成为中非交流的纽带。

列夫·曼吉尔（Leif Manger）通过对中国在苏丹投资项目的研究，探讨了走向世界的中国人所面临的文化障碍和复杂性。这些文化障碍包括语言障碍、生活方式的障碍、宗教信仰方面的障碍，以及国家意识形态方面的障碍；而面临的复杂性包括地方族群的生存方式、宗教传统、文化认同以及利益冲突。曼吉尔关于在义乌的苏丹商人之讨论，则为我们开启了一扇关于世界走向中国的窗口。陈向明的研究发现，在东南亚区域性经济合作中，人们更多地强调经济性因素而忽视了文化方面的影响，事实上，全球化和区域化均受制于地域经济和文化因素的互动和冲突。需要注意的是，在同一区域的不同国家也因各自不同的文化传统与宗教信仰而表现出对经济发展的不同态度；而且，由于存在着跨境民族、跨境宗教等因素，地缘经济发展的不平衡更导致对跨境社会生活的冲击。

卓新平认为，推动“一带一路”倡议必须做好文化功课，在彼此了解的过程中，达致经济协同发展的目标。“一带一路”沿线地区的文化变化既持久又剧烈，其历史的痕迹被多次抹杀，其文化的形态也不断变换，这是必须正视的事实。面对我们不熟悉的文化、不熟悉的人和环境，需要开展全方位的接触和认识，这样才能使“一带一路”走得更持久；建立在文化理解上的经济合作，其发展也会更有成效。郑筱筠认为，在我国对外发展战略中，可以依托南传佛教的宗教网络，打造南传佛教文化区位优势，与经济交流机制互补，甚至补充经济区位动力的不足，以世界文明之间的平等、宽容的理解和交流互鉴为文化合作机制的前提，积极发挥宗教的正能量，建立宗教的“文化一体化效应”，在世界文明交流的平台上，打造中国的文化软实力，建立深层的世界文化合作机制，形成平等包容的国际对话模式，进一步推动我国“一带一路”倡议的实施。

“一带一路”倡议与实施为全球化的进一步深入提供了新的动力，同时也借助沿线国家和人民的互动来克服和超越文明差异带来的障碍。在这方面需要更多的努力和实践。孟庆龙探究了中国与印度互动的历史，指出中印之间相互了解的不对称，中国人对印度的了解要远远大于印度人对中国的了解。边界争端及其导致的关系恶化对中印两国的建设和发展都造成了一些负面影响，都有值得总结的地方。伍庆祥对于佛教作为国家文化基调的缅甸的描述，向我们介绍了一个现代国家如何受到佛教传统的定义——其中包括政治、文化、社会、教育等多方面。对于缅族人的身份认同来说，宗教认同度最高、民族认同度次之、国家认同度最低。

近年来，越来越多的中国人走出国门，行游世界，他们对境外文化的观察、在异域的经验和感受为我们提供了弥足珍贵的跨文化交流与对话的文本。本书收录了迟越和刘嘉玮分别在非洲、墨西哥和东欧的游历考察漫记。

本书所收文章的中外作者背景各异，文章内容侧重不同，虽然都围绕全球化、文化和对话的大主题，但每一篇都各有特定的视角和观点。我们尊重各位作者的学术立场，本着文责自负的原则，仅对文章做了出版前的基本整理。

全球化时代呼唤对话

乐黛云*

我们生活在一个日益全球化的世界，不同的国家、经济体、文化体从未像今天这样频繁互动、彼此依存。在全球文化多元和跨文化接触不可避免的时代，也出现了各种各样的不确定性；当人们期待着通过多元文化相互理解的培养而促进克服彼此的局限和隔膜时，却发现偏见的存在和冲突的困扰是不得不正视的现实。

多年以来，中西方文化的比较研究是我的主要关注点。在中外学者的广泛参与中，关于文化对话的研究越来越丰富，既有对文化一元化的文化霸权和文化单边主义的批判，也有对全球化带来的多元文化共处前景的担忧。特别是不同地区不可预期地出现的各种反人类的恐怖主义活动，令多元思想遭遇了极大的挑战，甚至危机。然而，当我们思考人类未来命运时，我仍然坚信跨文化研究非常重要，文化之间互相理解非常重要。人类文明共同体的追求和形成，要通过什么？得通过对话。

习总书记提出，要建立人和人之间互相体谅的共同体，要反对互相争斗，你消灭我、我消灭你的文化冲突论。我认为，冲突论在任何时代都不可取，那么反其道而行的路径，就是对话。在对话中认识和理解不同的宗教、族群和文化的特征，尊重各种地方性的传统，真正践行“己所不欲，勿施于人”的中道原则，以期实现通过建立人类命运共同体而达到不同国家和人们在经济、政治和文化诸方面的共同发展。

中国的崛起将推动中国担负更多的与世界其他民族共同发展的责任，而探寻不同民族文化共同发展的模式，就需要我们加深对多元文化的认识和了解。这个全球化的时代让跨文化对话有了更多鲜活的需求和实践的支

---

* 乐黛云，北京大学教授。

撑，为我们的学术研究提供了广阔的发展空间。全球化的时代呼唤跨文化的对话，我们需要更多的学者和有志之士从不同的领域参与到跨文化的对话中来。

二十多年前，我与同人一道创刊《跨文化对话》，为促进文化间的对话和理解造势，为拓展跨学科的文化研究发力。今天，我非常高兴地看到，复旦大学范丽珠和陈纳两位日益成熟的学者主编的《全球化与对话》辑刊出版在即，他们关注的议题超越了文学、艺术和传统的文明对话研究的范畴，更多地从人类学、社会学等不同视角出发，既有历史和理论方面的探索，又结合当今不同的国家、地区和民族的经济、政治和社会文化生活的现实，来认识跨文化对话和理解的意义。这是一个非常好的尝试，我相信他们一定能够把这样重要的学术使命坚持下去，我期待着跨文化对话研究中的又一硕果。

目　录

全球化：对话的时代

“一带一路”：跨文化理解的邀约

亚洲的智慧与可持续发展

行走的经验

Contents

Globalization: The Time of Dialogue

The Belt & Road Initiative: Invitation to Cross Cultural Understanding

The Asian Wisdom and Sustainable Development

Living Experience

全球化：对话的时代

何为对话?

[美] 列奥纳多·斯维德勒[*]
徐海峰　黄雪琴译　范丽珠校

一　对话的含义

今天，当我们提及宗教对话或意识形态对话时，很明确，就是人们之间的双向交流。单向度的演讲或演说显然跟对话不相关。但是，双向交流有很多种形式，比如斗争、争吵、争论等。当然，这些形式都不是对话意义上的交流。交流的另一端是在特定主题上持同样观点的人们之间的分享。当我们用“对话”这个词时，也不包括这种持相同观点者的分享，此类分享属于相互鼓励和支持性的交流，但肯定不是对话。现在，如果考虑到上述相互对立的（处于分析框架两端的）双向交流不在“对话”的意义范围，我们便能够更清楚地掌握“对话”这个词的实际含义。

先来看看上述交流形式的后一种情形。彼此“支持”式交流的基础原则是如下假定：双方对这个主题的真理都有全面把握，因此只需要简单地相互支持并赞同彼此看法。既然这种情形以及构成其基础的原则不在“对话”含义内，显然对话应具有这样一个特点，即任何一方都不掌握这一主题的全部真理，均需进一步探讨。

---

* 列奥纳多·斯维德勒（Leonard Swidler），自 1966 年以来供职于美国天普大学（Temple University），任天主教思想和宗教对话教授。斯维德勒先后获得美国马凯特大学历史学硕士学位，威斯康星大学哲学博士学位和德国蒂宾根大学神学（S. T. L.）学位。1964 年，他与妻子阿丽妮·斯维德勒（Arlene Swidler）共同创办了《普世研究杂志》。斯维德勒教授长期致力于宗教对话和文化对话的研究，是全球对话研究所的创始人、主任，他曾在全球数十个国家的高校和机构演讲。60 年来，斯维德勒发表了二百多篇文章，出版八十多本著作。

在另一种情形中，“争论”式交流的基本原则是，假设某一方拥有关于这个主题的全部真理，需要告知或说服对方。由于这种情形及其原则也被排除在“对话”的意义之外，这清楚地表明：对话意味着没有一方能垄断真理，双方均需进一步探索。

当然，其他一些情况也可能出现，比如，经过一定程度的广泛对话后，双方在讨论主题上达成一致。当然不能说这种情况是非对话的，而是双方在某一议题上达成共识、获得新的通向真理的途径；进一步而言，如果双方的交流仅仅涉及彼此观点达成一致意见的方面，那么这只是从对话走向强化共识。

因此，至少要正面地肯定对话意义的初衷：“对话”是发生在对某一议题持有重大意见分歧者之间的、以通过向对方学习的方式来掌握该议题更多真相为目的的双向交流。

对一些人来说，这种分析似乎是显而易见的，因而被视为浅薄。但我并不以为然。“对话”已经成了一个时髦的词，就像慈善的话语，成为某些人冠冕堂皇的借口。比如，有时候对某个议题自认为握有真相的人在同那些不知情者对话时，营造当下流行的“对话”氛围——采用一种谦和的方式获得良好的效果。因此，他们与对方的遭遇实际上仍然建立在旧的非对话的原则之上——即他们对某个主题已经掌握了全部真相——但因采用通情达理而非强求一致的方法，所以仍被称作“对话”。这仅仅是对“对话”这一术语的见机行事的使用。

然而，当某些人使用“软推销”方法，鼓励对话者就某个议题表达观点时，他们可能真以为在参与对话，即使事先就知道对方是错的——因为这样一种“对话”可以很好地使不知情者更坦然地接受对方已经掌握的真相。在这种情境下，“掌握真相者”会很容易对“对话”这个术语产生基本的误解，从而将“产生转变”（convert-making）误称为“对话”。显然，以上的澄清是非常重要的。

当然，我们是在如此背景下谈论一种特定的对话形式，也就是在更广泛意义上的宗教对话，即出自不同宗教传统和社群的人们在宗教主题上的对话。如果把宗教理解为对“生命的终极意义以及据此采取的生活方式”的阐释，那么它将包括所有的体系，尽管有些体系通常不被认为是宗教，而是被当作意识形态，比如，无神论的人文主义和马克思主义。因此，更准确地说，“对话”范围应同时涉及宗教间对话和意识形态间对话。

二　对话为何兴起

人们当然能够有大量证据认为近来显现许多有利于对话兴起的趋势，比如，大众教育的普及、通信和旅行、世界经济体的形成、全球毁灭的威胁等。然而，一个重要的深层原因是西方出现了关于人们如何感知并描述世界的学术范式转换。简单来讲，范式就是由一组假定构成的模型，在此基础上现象被感知和理解。例如，以地心说范式解释行星运动，后来转向其他的范式，日心说的出现对各方面产生了重大影响。如此，范式转换发生了，并且仍然处于西方对于真理表达的理解中，这就使得对话不仅可能，而且甚是必要。

鉴于20世纪以前西方对真理的理解多是绝对的、静态的、单一的以及排他的，现在已经变成去绝对化的、动态的以及对话的，简言之，相对的。这种有关真理的相对性的观点至少以七种不同但却紧密关联的方式出现。

①在19世纪以前的欧洲，真理是关于实在的表述，以一种绝对的、静止的、排他的以及只能二选一的方式被构建出来。人们一旦相信某种表述正确，就会永远认定其正确；不仅有关经验事实的表述如此，而且有关意义之表述也是如此。这是古典主义的或者绝对主义的真理观。

②19世纪的学者开始认为所有关于事物意义的真理陈述均是他们所处历史环境的特殊产物；只有把对真理的表述放在其历史背景、生活场景中，才能得到恰当理解：一个文本只有在了解其前后文才能被理解。因此，所有关于事物意义的表述，考虑到时间脉络，需要去绝对化。这就是历史主义的真理观。

③后来发现，人们之所以问问题，是因为想获取生存所需的知识和真理，这是实践或者目的论的真理观，也就是说一个陈述只有在思想家行动导向的目的关系中才能被理解。

④20世纪早期，卡尔·曼海姆（Karl Mannheim）发展了知识社会学，指出任何关于事物意义的真理都是透过特殊视角表述的，因为一切现实存在（实在）都是根据感知者的文化、阶级、性别等特定视角被感知到的以及被谈论出来的。这是所谓“特定视角”的真理观。

⑤许多思想家，尤其是路德维希·维特根斯坦（Ludwig Wittgenstein），发现了人类语言的局限性：因为每一个实在描述必然是部分的，尽管实在能从无限多的视角被观察，而人类语言在某一时间只能从一个视角进行描述。当人们试图谈论“超越”的问题时，语言所带有的局部性与局限性的特质必然大大地增强了。这就是所谓“语言之有限性”的真理观。

⑥当代诠释学强调所有的知识都是在知识架构中被解释的。这意味着在知识总体中“我”开始了解事物；客体以某种方式呈现在我面前，也可以说，我通过镜头来感知它。正如托马斯·阿奎纳（Thomas Aquinas）所说，“已知的事物是根据知者的模式，存在于有认识能力的人中”（*Summa Theologiae*，II/II，Q. 1，a. 2）。这是所谓“解释性”的真理观。

⑦再进一步，实在只有通过我赋予它的语言才能与我沟通；我从实在中获得的有关问题的答案，总是存在于语言中、思想中。如果我得到的答案有时令我困惑或者不满意，那么，当我向实在提出问题时，可能需要多学一种更合适的语言。例如，如果我问这样的问题：“绿色有多重？”我会得到一个不可理喻的答案。或者，如果对机械种类提出生命体问题，我得到的答案一定是令人困惑和不满意的。同样，如果我在物理—生物类别提出有关人类的性别问题，我也会收到令人困惑和不满意的答案：看看“生育控制（计划生育）受到自然法的禁止”这种荒谬答案，这个问题错误地假定了人类属性只是物理—生物的。这种对真理的理解是“对话式”的理解。

总之，我们对真理和实在的理解已经历了极大的转变。正在产生的新范式用于理解所有关于实在的表述，尤其是有关事物的意义，是历史的、实践的或者目的的、特定视角的、语言有限性的以及对话性的。简言之，我们对真理的理解已经“去绝对化”了，已经成为相对的；即所有关于实在的真理陈述被认为与历史背景、实践目的、谈论者视角等相关联，在这种意义上，真理不再是“绝对的”。因此，如果我对世界的感知和描述仅仅在有限的意义上是正确的，即只是从我在世界上所处的位置上看到的，那么，如果希望拓展我对实在的理解，我需要了解其他人从其所处的位置上对世界感知，而这是从我所处的位置上看不到的。然而，这一切只有通过对话才能发生。

三 谁应该对话

一个重要的问题是，什么人能够、应该参与到宗教对话和意识形态对话中来？显然，这种对话具有一个基本的社群面向。例如，如果一个人既不是路德宗教徒也不是犹太教徒，他就不能参加专门的路德宗与犹太教对话。同样，不属于任何宗教或意识形态群体的人当然不能参与宗教对话和意识形态对话。他们也许的确能参加有意义的宗教和意识形态的对话，但那将不会是跨宗教的、跨意识形态的、宗教之间的或者意识形态之间的对话。

谁有资格成为宗教团体成员呢？如果这个问题是对话中一个团体的官方代表提出的，答案很清晰，就是那个在团体中被官方机构（教会、犹太教法院、禅师、主教、中心委员会，等等）任命的人。然而，如果不是代表官方的情况，那么具有公共声望的人将受到重视。然而某些人的资格，会受到其所在团体内的某些人物，甚至非常重要的官方人物所质疑。例如，梵蒂冈天主教信理部（Congregation for the Doctrine of the Faith）已经宣布孔汉思（Hans Küng）和查尔·柯伦（Charles Curran）两位教授不再是天主教的神学家。然而，在这两个案例中，成百上千的天主教神学家随后以书面形式公开声明，这两位教授仍然是真正的天主教神学家。

最后，遵守这样的原则，即每个人应该自己决定是否是某宗教团体的成员。非常少见的情况是，某些特殊案例起初可能出现异常现象，但问题不可避免地要自我解决。此外，尤其是在宗教对话和意识形态对话的初始阶段，意识到这一点是非常重要的，即有些宗教与意识形态群体中表现偏执者往往是最有兴趣和能力参与对话的人群；立场温和的成员只有在对话内容被证明对主流话语和官方部门是安全的时候才加入到对话中。同样重要的是，宗教对话和意识形态对话并不局限于社团的官方代表。实际上在全世界已经进行的大量对话中，尤其是过去 30 年，绝大多数参与者都不是官方代表，尽管官方代表参与对话的频次也在不断增加。

对话所需要的是：①向对方学习的开放性态度；②关于自己传统的知识；③来自其他传统的、有同样意愿的、博学的对话方。这样的要求是对任何知识背景和受教育程度的人而言的。关键是愿意向对方学习。没有什么人对自己的传统能够完全了解，必须持续不断地认识自己的传统。一个人需要意识到自身知识实际上是有限的，并且知道从何处能获取所需的知识。对话的对方对其自身传统有相同程度的了解也是非常重要的。不对称性越高，双向对话交流的程度就越低。

因此，重要的是宗教对话和意识形态对话不能局限于官方代表之间，或者来自不同传统的专家，尽管这些人在对话中扮演着不可替代的角色。对话更应该包括宗教、意识形态团体中不同层级的人参与，从最高层一直到“坐在教堂长椅”上的普通信徒。只有以这种方式，宗教、意识形态团体才能相互学习，并坦诚相见，以达至彼此的理解。

世界范围的天主教主教们在第二次梵蒂冈大公会议（Vatican Ⅱ，以下称“梵二会议”）上非常清晰而又坚定地表达了这种见解，当时他们倡导“所有天主教徒”与时俱进，采取积极、智慧的方式参与到大公主义工作中［进行基督宗教不同教派之间的对话，在更广泛理解的基础之上，开展宗教和意识形态之间的对话，这是“梵二会议”文件明确决定的，建立永久性的梵蒂冈教廷秘书处（Vatican Secretariats），以便致力于推动与非基督徒以及非信仰者间的对话］。对这种倡导并不满意的主教们进一步提出，“在大公主义工作中，所有天主教徒必须……开始主动接触非天主教徒”。担心存在某些头脑不清楚的顽固者，主教们再一次大声地呼吁，大公主义（宗教对话与意识形态对话）“需要整个教会的参与，对信徒和神职人员都一样。每一个人都要力所能及地参与进来”（Vatican Ⅱ，Decree on Ecumenism，4，5）。这种见解不仅仅适用于世界上13亿天主教徒，还包括更多的受他们直接或间接影响的成千上万的人，这个群体人数众多，有着举足轻重作用。

然而，如何面对那些对“对话者”提出挑战的人呢？——他们认为“对话者”其实是一些精英的人物，因为他们以一种“自由主义”的态度来定义“对话”，认为只有志趣相投的自由主义者才能参与对话。下面，我将更详细地阐明，为什么只有那些对真理抱着“去绝对化”理解的人才能参与对话。换句话说，只有这些认识到一切有关实在的真理陈述都会以种种方式呈现出局限性（在此意义上，不是绝对的）的人才能加入对话。然而，这并不意味着对“绝对论者”或“原教旨主义者”予以精英主义的歧视，从而排斥他们加入对话。这样的指责只不过是另一种不理解对话为何物的情况——对话应该是一种双向的沟通，双方都能够从中得到彼此学习的机会。如果对话中的一方承认有向对方学习之处，这就假定了一方对该主题真理的掌握是有限的（去绝对化的）。如果一方认为对该主题的真理有绝对掌握，很显然就会认为不需要向对方学习了，这种接触将不再是对话，而仅仅是一种单边的宣讲或者争论。因此，持绝对真理观念者将不仅不能参与对话，而且也未必有意愿参加；除非出现两种情形，要么是误解了上面描述的对话意义，要么是希图投机地使用“对话”之术语。

四　对话的种类

至于什么构成了宗教对话与意识形态对话，重要的是要注意到我们通常指的是观念和话语上的双向交流。然而，有时我们赋予对话引申的意义：比如联合行动、合作、共同祈祷、在灵性或者彼此传统的深层次共享。尽管知识或者语言的交流的确是对话的最初意义，但如果交流的结果并没有进入行动和精神层面，这种对话将会被证明是无效的。此外，它还会导致某种自相矛盾的状态，甚至是虚伪。

在积极意义上，认真地投入到联合行动或者精神层面的交流，将会挑战已经掌握的知识架构，并且把对话引向认知领域。例如，天主教和新教的神职人员在达豪集中营（Concentration Camp Dachau）联合起来抵抗纳粹一个又一个反人类行径，他们开始相互询问：为什么要采取行动？通过对话他们惊奇地发现，比起那些造成双方分歧的问题，双方有更多的共同立场。事实上，正是这些以及其他类似的接触，形成了德国尤纳圣所运动（Una Sancta Movement），这一运动又进一步形成一种推动力，在经历了数世纪对大公主义和宗教对话的强力排斥之后，“梵二会议”期间天主教会正式接纳大公主义观点以及宗教对话的原则。

因为宗教不仅涉及“头脑”和“手”，也涉及人类整体的“心灵”；我们与对话另一方的接触，最终必须包括深层或者精神层面。这种精神或者深层交流涉及我们的情感、想象力、直觉意识。如果我们不能在最深层面达到彼此了解，所谓的对话只能停留在表面。被约翰·邓恩（John Dunne）称作“交叉互换”（crossing over）的手段能够提供一些帮助。通过换位，聚焦于我们合作者精神生活的中心意向、隐喻，任其对我们的想象力和情感产生作用——唤起某些可能的回应，令我们产生不同的感受。然后，我们回到自身日益丰富、开阔的内在世界，以深切的同情心、更敏锐地感受对方的内在世界。在这种扩展性的内在世界，促使我们去发现新的认知表达，以求得到较满意的体现；并以恰当的行动去展示新的觉悟以及理解对方的宗教实在。

仅仅在一个或两个层面与我们的合作方进行接触，的确可以产生真实可信的对话，但是，考虑到宗教与意识形态具有整体和综合的特性，很自然地我们需要将对话从一个层次引向其他层次。只有在三个层次上展开全方位对话，我们的宗教与意识形态对话才会是完整的。

五　对话的目标

对话的一般目标是双方通过交流都能有所补益，并据此有所改变。很自然，如果对话参与方主要是为了向对方学习，那么另一方必须要教，因此，教与学同时发生。然而，我们知道如果双方参与对话都主要是为了“为人师”，那么就意味着双方无法接近，结果导致没有任何教与学的情况发生。

在对话中我们自然而然地逐渐学习到关于对方的越来越多的知识，在此过程中摆脱过去关于彼此的错误信息。然而，我们同样因为学到更多的东西，甚至包括对自身传统内涵的重新认识。对方也像一面镜子，让我们得以认识自身，而这是其他方式所不能提供的。在回答对方的问题过程中，我们得以审视内在自我以及自身传统，要不是参与对话我们或许永远不会这样做。

此外，倾听对方对我们看法的描述，从而得知“我们是怎样存在于世界”。因为没有任何人能够简单地自我存在，总是处在与别人的关系中，“我们怎样存在于这个世界”，怎样与他人相处并如何影响他人，实际上是我们现实存在的部分，恰恰也是我们自身的一部分。只有和别的文化处在对话中，我们才能真正了解自身。例如，在欧洲生活了数年以后，我才意识到自己拥有的独特的美国文化；我开始意识到美国文化与欧洲文化的共性与差异所在，这些都是在我欧洲文化对话伙伴提供的镜子中发现的。

从对话中增长了我们对自身以及对方传统的知识，当然会影响到我们今后的生活。随着自我理解以及对身边人与物认识的改变，我们对自身以及对他人的态度也一定会产生变化，我们的行为方式也因之而改变。再者，若在某种程度上的内在和外在改变没有发生，我们就会在另一种程度上趋向矛盾和虚伪。无论是有意对话以及随之而来的作为“超越对话”的转变，如约翰·科布（John Cobb）在他的新书《超越对话》（*Beyond Dialogue*）中所描述的，还是谈论在持续的对话进程中作为整体转变，如克劳斯·克劳斯特梅尔（Klaus Klostermeier）所做的那样，[①] 我们都不必受局限。然而，要明白重要的是必须保持对话—知识—改变的链条不断裂。如果最后一环节（改变）并没有出现，那么第二环节（知识）和第一环节（对话）将受到质疑。再一次强调：对话的目标是“双方相互学习，并据此发生改变”。

宗教对话与意识形态对话也有着社群的目标。故，某些情境对于特定对话参与者来说，就显得很特别。比如，一些基督教教会可能会带着达成结构性联盟的目标来参与对话，这样的结盟目标对某一宗教内部的团体来说是需要的，比如在基督教内部、佛教内部、伊斯兰教内部，等等。然而，不同的宗教之间或者不同意识形态之间的对话，可能就不会有这种结构联盟的期待；相反，首先是寻求尽可能精确地了解对方，并尽可能富有同理心地理解对方。对话，就是希望了解双方的共性以及差异所在。

要探知两种宗教或者两种意识形态之间真正共性和差异所在，有一个简单的方法：尽可能与对方求同，同时不要破坏自身的体系；双方对话搁浅之处，就是真正的差异所在，并且到此点为止；直到搁浅之处所发现共同的内容，就是双方的共性所在。经验告诉我们，通常真正的差异所在，跟对话之前我们所想象的有很大出入。

旨在了解两种宗教之间共性和分歧的目标是消除彼此芥蒂、减少误解，使双方在拥有共性的前提下在思想、感情和行动上更加接近。然而，这个目标只有在另一原则得到遵守时才能达到：宗教对话与意识形态对话必须是双向对话，要跨越社群的分界线，在其内部进行对话。我们需要与其宗教同伴一起参与常规对话，和他们分享宗教对话与意识形态对话的成

---

① Klaus Klostermeier, “Interreligious Dialogue as a Method for the Study of Religion”, *Journal of Ecumenical Studies*, 21, 4, Fall, 1984, pp. 755-759.

果，从而，他们也能提高对共性和差异真正所在的理解。因为只有这样，整个团体才能增加知识，实现内在和外在的转变，并因此消除芥蒂，变得更加亲密。如果这种双向对话没有继续下去，仅存的个人对话伙伴可以增长知识，经历随之而来的转变，进而缓慢地从他们未变化的团体中摆脱出来，从而变成第三种存在（a tertium quid）。不过这样的话，就很难说是对话所预期的整体性目标了。

显然，尽可能完整地了解我们与对话伙伴的共同之处是很重要的，这些共性的范围远比我们事前预期的要广泛，在相当和谐的前提下彼此得以走近。然而，同样重要的是，我们要全面地了解双方的差异所在。差异可能是：①互补的，比如强调预言性而非神秘性。②相似的，比如，闪族宗教中神（God）和大乘佛教中“空”（sunyata）的概念。③矛盾的，接受某一种、需要拒斥另外一种，比如，犹太—基督教概念中个体不可侵犯的尊严与现在基本消失的印度寡妇殉夫的习俗。有关第三种类型的差异问题我们下面将会讨论，这儿应该注意的是前两种类型的差异不仅仅被感知并被承认，事实上，这些差异应该受到珍视和赞赏，既因为其自身的价值，也因为通过认清这些状况，我们扩展了对自身生存现实的理解，这正是对话的主要目标。

六　对话的方法

许多对话的方法和技巧被成功使用，毫无疑问有些对话形式还有待发展。然而，有关对话方法总的指导原则应该是，①使用我们具有创造性的想象力和对人的敏感，对话的方式可以多种多样，可以是由有着不同传统的专家们组织、有大量观众参与的联合讲座和对话，也可以是有着不同传统的普通民众之间的个人对话。然而，不论何时，在计划（比私人间对话）更正式的对话时，需要谨记的重要原则是，②在最初计划中，要将所有的传统考虑到对话之中。当不同的团体最初开始彼此接触时，这一点尤为如此。关于潜在的对话本身而进行的对话则成为对话性接触的本质部分。

很明确的是，在不同团体最初的接触中，③应该先搁置差异最大的部分，而是更多地强调双方共性的内容，以便建立和发展彼此之间的相互信任。因为没有相互信任，就不会有对话。

发展必要的相互信任，至关重要的是，④对话的参与者必须怀着足够的真诚和坦率。对话伙伴希望了解真实的我们和我们真实的传统；然而，如果我们不能绝对真诚和坦率，就无法让对方了解我们。当然，这个道理对于对方来说也是一样，如果他们不能绝对真诚和坦率，我们就不可能了解真实的他们和他们真实的传统。同样需要注意的是：我们必须在绝对真诚和诚实的同时假定对方的绝对真诚和诚实，否则就不会有信任——没有信任就没有对话。

在对话中也要谨慎，⑤才能对双方的理想和双方的实践分别进行比较。如果在跟对方的理想和实践进行比较时，我们常常期待着“赢”，但这种期待的结果，当然是我们无法学到任何东西——就对话的目标而言，则是彻底的失败。

此前提到了对话的一些其他“方法”，⑥每个对话的参与者必须定义她/他自己，例如，只有穆斯林能够理解作为穆斯林意味着什么。随着对话发展，这种自我理解会改变、成长、扩展和深化，因此，只有经历过鲜活和增长中的宗教现实的人，才能准确描述它。⑦双方需要不带预设前提地参与对话，以便找到彼此传统真正的差异所在。但是，只有尽可能带着同理心去理解对方，在不违背自身传统完整的前提下发现彼此真正的差异所在。⑧当然，只有平等相待才能产生完全真实的对话；不平等的程度会决定双向沟通的程度，也就是对话体验的程度。

关于对话，一个不可或缺的重要方法是，⑨对自我和本身传统的自我批判态度。如果我们不愿意以自我批判的态度看待自我以及自身传统在某一主题上的立场，这明显意味着我们不能从对方那里学到任何东西——如果这样的话，我们就对对话不感兴趣，因为对话的主要目的是向对方学习。可以确定的是，我们作为佛教徒、基督教徒、马克思主义者等，带着真诚、诚实和正直的态度参与对话。然而，自我批判并不意味着真诚、诚实和正直的缺失。实际上，自我批判的缺失意味着虚假的真诚、虚伪的诚实、虚妄的正直。

最后，对话最基本的方法是，⑩对对话有一个正确的理解，对话是双向沟通，因而双方都能够向对方学习，并相应地改变。如果这个基础目标能够被保持，并以富有想象的方式付诸行动，那么，具有创造性的、硕果累累的对话，以及参与者和他们的团体在生活方面不断增长的变化就会随之而来。

七 对话的主题

我们已经谈到，对话的初期要选择能够达成双方高度共同点的主题，从而建立和发展共同信任；对话的三个主要领域包括：认知、行动和精神的。

在某种意义上，“精神领域”看起来是最有吸引力的，至少对这些更具有内在、神秘、心理倾向的人而言。此外，它提供了高度的共性：无论它如何被描述，神秘主义者似乎对“终极实在”的理解达到了高度统一，甚至包括在更有哲学意义的体系中，例如新柏拉图主义。比如，最伟大的穆斯林苏菲派教徒、犹太教的喀巴拉派、印度教的虔诚教徒、基督教神秘主义教徒、佛教菩萨以及柏拉图哲学家，似乎所有在他们的追求和统一的经验中都是与唯一存在（One）相关，西方称之为上帝——神（Theos）。有时，上帝的形象被设计为山的顶峰，而人类都通过不同的路径攀登山峰。每个人都有不同的“道”（基督教希腊语中的hodos，犹太教希伯来语中的halachah，穆斯林阿拉伯语中的shar'ia，印度教梵语中的marga，佛教巴利语中的magga，中国道教中的“道”）来接近神，但是他们都集中于同一目标。因此，这样一种对宗教或思想的解释被称作以神为中心的。

尽管以神为中心很有吸引力，我们必须警觉——不要把对神的不同理解不当回事，仿佛这种差异性不重要；对神的不同理解直接影响到人类的自我理解，并进而影响到我们如何为人处世、人与自然的关系，以及如何面对终极问题。此外，以神为中心的缺陷在于没有把无神论者包含在对话中。这不仅排除了无神论的人文主义者和马克思主义者，还排除了非有神论的小乘佛教徒，他们并不否认神的存在，但倾向于以一种非有神的、非个人的方式理解终极实在（有神论则假定有一个“个人的”上帝——神，Theos）。一种可供选择的方式是，在“精神”领域对话中包括上述人群的代表，谈论在生活中如何寻求终极意义和“救赎”（拉丁语中的salus，意味着有益的、完整的、完全的生活；类似希腊语中的soteria）的探寻，这是所有人类在“精神”领域的共同点——有神论和无神论共享的。作为结果，我们能够讨论救赎中心论。

在实践方面，对话必须以一种基本的方式进行，即激发各自传统的基本的行动原则。再者，人们发现对话双方有许多相似之处，同时也有差异性的存在，而差异性恰恰决定了不同团体在个人和社会伦理等多种问题上会持有不同的立场。只有谨慎而又敏感地定位这些作为伦理决定之基础的道德原则，才能避免在某些特定伦理问题上出现误解和不必要的挫折。至于具体的伦理问题，比如性伦理、社会伦理、生态伦理、医学伦理等都能够成为跨宗教、跨意识形态对话的议题，这将最终实现联合行动——伦理问题在各个传统信念中有着一致性，并且在具体情况中有着合理性。

然而，在认知领域可能对话的话题范围是非常广泛的，几乎是没有禁忌的——要谨记：在选择话题时，先易后难。尽管如此，每个参与对话的群体都要有勇气去创造性地跟随内在的直觉和兴趣。当然，一些群体会从更独特的、具体的话题开始对话，并逐渐引向讨论本质的话题和原则。另外，其他群体可能会从更根本性的问题开始，并逐渐地关注已被讨论的与基础原则相关的更为具体的内容。任何情况下，如果有适当准备和敏感性，就不需要设置对话议题的禁区。

宗教对话的倡导源于梵蒂冈教廷，对一些人来说这是出乎意料的。负责与非信仰者对话的教廷秘书处写道："教义对话应该始于勇气和真诚，容许最大的自由，怀着敬畏之情。"在进一步的陈述中，更带有令人惊异的开明态度："教义的讨论要求有感知和洞察能力——既要诚实地表达个人观点又要承认真理之无处不在，即使真相驳倒了某个人，令其不得不重新考虑自己的立场（至少部分地在理论和实践层面如此）。"教廷秘书处接着强调，"在讨论中真理会获得胜利，不是依靠什么手段而是真理本身。因此，参与者的自由必须得到法律保证，并在实践中获得尊重"①。这些得以再三强调的话语不仅应该适用于全世界的天主教徒，也应适用于世界上的其他人群。

八　何时对话以及何时不对话

原则上，我们应该敞开心扉与所有可能合作的伙伴就任何可能的话题

① *Secretariatus pro Non-credenti*, *Humanae personae dignitatem*, August 28, 1968.

进行对话。正常情况下，这一原则应该在今天得到遵守，而且在未来的时间里都应如此，因为世界范围的宗教和意识形态之间积累了太多误解的信息和彼此的敌意，我们几乎不可能预见在任何特定话题上那些潜在的对话伙伴的真正态度是什么。所以，至少在我们了解彼此真正的差异所在之前，我们通常需要与那些潜在的伙伴接触并进入真诚对话。

然而，在有关差异的问题上，我们对“需要”作出谨慎的区分。正如之前指出的，在对话的过程中我们经常会弄清楚，某些我们以为是真正差异的东西，在事实上只不过是表面的现象而已，不同的词汇或误解掩盖了共同的立场。然而，当我们进入对话以后，必须允许这种可能性——即我们最终了解到在一些话题上所发现的并不是共性，而是真正的差异。正如上面所提到的，这些真正的差异可以有三种类型：互补的、类似的或矛盾的。真正的互补性差异当然是真实的差异，但并不意味着对话双方只有一方是有效的。此外，从我们的经验中了解到，互补的差异通常远远多于矛盾的差异。与此类似，掌握这些真正的互补性差异不仅能够丰富我们的知识，而且也能够更好地让我们为了丰富自己，而愿意适应对话伙伴的某个或多个互补性差异，恰如中国道家的名言：相反相成。

正如我们必须始终保持谨慎，优先“定位”我们的差异，以免仓促行动而错误处置差异性问题；我们同样也不要轻易和太快地将真正差异问题归在矛盾范畴之列。例如，也许人们普遍认为印度教的轮回解脱、佛教禅宗的顿悟、基督教的“上帝之子的自由”，以及马克思的“共产主义国家”迥然不同，然而其相似之处就在于都提出有关人类真正解放的说法。认识到在信仰或价值中普遍存在着差异性，并不意味着要辨别对话伙伴传统中的教义或实践内容是否会适应我们自己的传统。这种情形当然会发生，并且应该发生，然而，我们要关注的是参与对话的两个传统根本上的共性和合而为一的可能，或者讨论真正的却又互补的差异。如果该差异被理解为类似的而非互补的或矛盾的，那么，将其视为宗教—意识形态的整体有机结构中的存在，并只能在内部适当地发挥其功能。但同时需要记住这些在信仰或价值中真正的、但又相类似的差异不应该被视为相互冲突的存在，应该被视为在功能上是平行的，故在这层意义上说差异性是类似的。

然而，有时我们能够发现充满矛盾的真理主张、价值主张，在不同的宗教—意识形态传统中被提出来。当然，这种情况只有在矛盾性主张不被视为对同样事物（共同的）完全不同的表达方式，或互补或相似的情形时发生。尽管这种情况很少见，但当它发生时，一个深刻和不可避免的问题就摆在对话的两个团体面前：他们应该对彼此表现出怎样的态度和行为？是应该留在对话中，彼此宽容，还是彼此对抗？这在价值判断的问题中尤其迫切。例如，目前印度传统的寡妇殉夫（suttee）被广泛地禁止，然而，不幸的是，并尚未做到完全禁止，那么，基督教徒（或者犹太人、穆斯林、马克思主义者）对此应该做些什么？她/他应该试图了解其价值，容忍它，还是反对它（用什么方式）？或者说，关于纳粹杀死所有犹太人的信条呢？这些是相对清晰可辨是非的主张，然而如何看待赞成奴隶制的宗教—意识形态？——正如基督教、犹太教和伊斯兰教直到一个世纪以前所做的那样。也许，对于这个问题在今天也很明确了，但性别歧视——或者只是一点点性别歧视呢？或者宣称只有通过资本主义——或者社会主义——人类解放才能实现呢？以恰当的立场就这些问题做出决定，变得越来越不那么明确了。

最终，在19世纪，绝大多数非印度教徒对寡妇殉夫习俗的态度变得明朗，他们不与印度教在殉夫话题上对话，而是采取反对的方式；但是显然，对那些非纳粹分子而言，面对反对“对犹太民族实行种族灭绝”的正确立场，态度显得有些暧昧。此外，基督教几乎用了两千年的时间才在奴隶制的问题上得出结论。今天许多宗教和意识形态团体正处在对性别歧视的斗争中间，有一些团体甚至拒绝承认这个问题的存在。最后，有争议性的当代资本主义—社会主义问题，在此不必赘述了。

显然，不同宗教—意识形态之间重要的矛盾性分歧的确存在，并且有时会引发对立而非对话。从单方面的情况来讲，我们也会就自身传统对某些立场的接受给予批评性评判，而且，也常常在我们的个人生活中进行这样的评判。但是，我们批判能力的运用当然不局限于我们自己和我们的传统；大多数人类的能力应该向所有的对话开放——有关对话的限制条件与关注前文已经做了充分讨论。当然，一开始我们就要决定以何种理由来判断宗教—意识形态的差异实际上是矛盾的，如果是矛盾的，它是否足够重要，就其本质而言是否需要进行主动的反对。

九　完整的人类生活

因为所有的宗教和意识形态都试图解释人类生活的意义，以及人们如何据此生活，所以，那些被视为与人类生活是敌对的教义和习俗，既不是互补的也不是类似的，就似乎是矛盾的，并且对立的程度与其对生活构成威胁的程度成正比。真正完整的人类生活包括什么？这需要衡量宗教意识形态的所有因素，以便判断这些因素是否是和谐的、互补的、类似的或矛盾的，并且据此采取行动。

因为人类是历史性的存在，这就意味着所谓成为完整的人类是一种进化过程中的概念。说到底，人类发展过程中出现的一切，看起来对作为最基本人类结构的描绘都是可接受的，也就是说，人是一种能够抽象思考并自由地做出决定的动物。人类逐渐发展到当代的价值立场，主张支持“人权”，这是人类独有的，只因为他们是人。这种态度并非一直普遍存在。实际上，对于绝大多数人而言，直到前不久的年代，有关“人权”的概念还是难以想象的。

例如，就在一百多年前，奴隶制仍然被广泛地接受，这种对“人权”残暴侵害的行为今天在实践和法律层面被普遍禁止。没有任何思想家或公共领袖愿意为奴隶制辩护。

在21世纪，人们从根本上认识到，人类具有自主决定权是作为人的基本原则——这种自主决定受到其自身理性的引导，并受到其他所具有的同样权利的人的制约：“人人生而自由，在尊严和权利上一律平等。他们富有理性和良心，并应以兄弟关系的精神相对待。”① 在伦理领域，托马斯·阿奎那（Thomas Aquinas）在13世纪已经意识到的自主权②，在18世纪扩展到了社会和政治领域——很好地融入了法国大革命的口号中：自由、平等、博爱（当代对性别语言的意识，出现了以团结代替博爱的情况）。“自由”被理解为所有个人和公民的权利；“平等”被理解为对公共事件决定过程的政治参与权利；“团结”（在20世纪的扩展意义上）被理解为社会权利。

尽管在过去和现在都存在着对上述权利的排拒，但是世界范围的各大

---

① *Universal Declaration of Hluman Right*, art. 1.

② Thomas Aquinas, *Summa Theologiae*, I-II, Q. 91, a. 2: “Among other things, however, the rational creature submits to divine providence in a more excellent manner in so far as it participates itself in providence by acting as providence both for itself and for others.” “Inter cetera autem rationalis creature excellentiori quondam modo divinae providentiae subiacet, inquantum et ipsa fit providentiae particeps, sibi ipsi et aliis providens.”

宗教团体还是经常用多种方式表达逐渐增长的意识和承诺——很多相同的概念，用以表达完善的人类意味着什么。因此，通过艰难而缓慢的对话，达成了关于真正完善人类生活的共识。1948 年联合国的《世界人权宣言》（*Universal Declaration of Human Rights*）在这个方向迈出了重要一步。当然，如果跨宗教的、跨意识形态对话能够充分发挥其潜力，那么就会有更多的共识得以达成。

十　结论

我认为，从这些思考得出的结论很明确：在当代世界，跨宗教的、跨意识形态的对话是绝对需要的。再者，每一个宗教和意识形态能够做出各自的官方正式主张，借鉴天主教教会关于对话的必要性的认识，始于教皇保罗六世（Pope Paul Ⅵ）的第一份通谕：

> 今天我们需要对话……改变当代社会面貌的动态行为过程需要对话，社会的多元化需要对话，在今天这个时代成熟的人类需要对话。无论该人是否信奉宗教，他所接受的世俗教育保证了他的思考与讲述能力，以及带着尊严参与对话的能力（*Ecclesiam suam*，no. 78）。

梵蒂冈教廷随后补充道：

> 所有的基督教徒（可理解为“人们”）都应该尽最大努力推动不同阶层人们之间的对话，作为一种博爱的责任，以适应我们进步而成熟的时代……参与对话的意愿是基督教会（可理解为“在每个宗教和意识形态”）必须实现的总的复兴的措施和力量。①

① *Humanae Personae Dignitatem*，August 28，1968，No. 1.

超越文明冲突：通过东西方对话探寻共同善的可能

［美］赵文词*

徐海峰　范丽珠译

在西方知识分子中，萨缪尔·亨廷顿（Samuel Huntington）关于东西方“文明冲突”的论断已大体上不再得到支持，然而，在亚洲多数地区的处于支配地位的精英中仍然具有相当的影响力。[①] 在2011年11月的“北京论坛”上，我参加了一场有关中美核心价值观差异的圆桌讨论，其中有六位美国学者和六位中国学者参加。一抵达北京，我就了解到这场圆桌论坛是北京大学新成立的从文化角度研究中美关系的机构首次举办的活动之一。从文化角度理解中美关系的动议受到官方宣传部门的支持，也符合在此前不久结束的中共中央全会上做出的适当地发展中国文化“上层建筑”的号召。这一背景有助于解释圆桌讨论的框架，符合当前爱国主义的旋律——认为中国文化和美国文化有着不一样的核心价值，而中国文化有相当优越的方面。圆桌会议上的多数美国学者就这样的前提进行质疑和辩论，认为中美社会都各有一套统一的核心价值观，然而，在中美两国，今天所面临的情况主要是道德分裂。尽管如此，我预测“核心价值观”这个概念将会在中国官方话语中持续出现。

与此类亚洲的话语相反，我认为，中美两国在道德秩序上的差异并非是由于核心文化价值观的冲突（我相信这个分析可以更广泛地应用于其

---

* 赵文词（Richard Madsen），美国加州大学圣地亚哥分校（University of California，San Diego）社会学系荣休教授。

① Samuel P. Huntington，“The Clash of Civilizations?” *Foreign Affairs* 72，no. 3（Summer，1993），22-49. Samuel P. Huntington，*The Clash of Civilizations and the Remaking of World Order*，New York：Simon and Schuster，1996.

他西方与非西方文化，但是我将在中美之间进行比较，以获得最好的理解）。这两个社会的主要特点是都存在着碎片化的价值多元主义。我们在克服这种多元现象带来的问题上面临着类似的挑战，可以利用所有一切跨文化对话的机会，来寻找未来前进的道路。虽然如此，中美之间的很多价值碎片是相互重叠的，因而在人权、和平解决冲突以及环境保护的国际最低标准上，我们之间形成了一些价值共识的基础。这些是共享的理念。然而，解决全球相互依存的困境可能需要更多的共同利益，来自不断加深的社会互动和共同理解[①]。寻求这样一种共同利益，文化格外重要。文化提供了深化社会交往和道德反思必要的符号库和道德语言。如果文化有差异，有效地转化道德语言就出现问题，而道德语言是用于解决我们普遍遭遇的价值困境的。我将在本文中详述此观点。

现代价值多元主义

马克思·韦伯（Max Weber）描述了现代道德状况受困于相互抵触的价值之间不可调和的紧张[②]。也许自从超越小型狩猎采集群体进化到复杂的社会，人类就开始面临某种形式的生存多元性：我们在受教育过程中被告知应该追求的东西，有一些是互不相容的。一个经典的例子是安提戈涅（Antigone）必须在埋葬自己的兄长和违反城邦法律之间作出选择。但在现代世界，根据韦伯的观点，主要价值领域的分化已经越来越严重。宗教、家族、经济、政治、艺术、性别和科学领域越来越理性化，支配这些领域的价值也越来越相互矛盾。韦伯说，我们的世界从根本上是多神的——一个充满不同战神的世界。

总之，在全球化时代，不相容的价值犹如众神之间的战事一样在东西方都显现出加剧的情形。全球经济的残酷压力迫使个人陷入不安的流动状

① 我采用 John H. Haldane 公共福利和共同善的区分，《自然法和伦理多元主义》，见 Richard Madsen and Tracy B. Strong eds.，*The Many and the One*：*Religious and Secular Perspectives on Ethical Pluralism in the Modern World*，Princelton，NJ：Princeton University Press，2003，pp. 102－103。

② ［德］马克斯·韦伯：《宗教对世界的排斥及其方向》，H. H. Gerth 和 C. Wright Mills 编，载马克斯·韦伯《社会学论文》，纽约：牛津大学出版社 1958 年版，第 323—359 页。

态，使得家人分离，动摇了稳定的社区生活。我们可以在美国高失业率（当然，南欧失业率更高）和中国低收入的外来人口产生的影响中看到这一点。中美两国经济都部分地由阶层体系的权力掌控，阶层体系的权力无节制地膨胀，以巩固某些掌握权力者的利益。中美两国制度迥异，我并不想说这两者在道德方面是相同的。但是，在这两个国家都存在着没有解决、也无法解决的全球市场经济和现代国家权力之间的张力问题。同时，市场和政府的逻辑都不同程度地威胁着维系家庭凝聚、巩固宗族纽带的价值观。此外，尽管有着不同的表现方式，这两个国家都存在着宗教、艺术、性别表达和科学的合理化形式之间的强大张力。最后，韦伯所列的战神名单上可以加上一个名字——盖亚（Gaia）①，我们星球的生态，日益紧迫地在可持续性的需求和全球化经济与民族国家地缘政治的要求之间产生冲突。

中美两国（或者对于这件事来说，我所知道的任何一个现代国家）都没能缓和这样相互对立的价值观之间的紧张。这样的社会“核心”是由一套相似的现代价值观之间无法调和的张力所构成，尽管每一个社会表现出意在调和这些价值间张力的不同模式。各国家间的关系主要被强有力的经济利益和地缘政治利益所决定，但是通过无数条约、外交谈判，以及双边、多边协定，在某些共同认可的价值中出现了部分的交汇。

因此，如果不是在行动上，至少也在口头上就全球人权状况的最低标准达成了广泛共识。中美两国都宣称凡涉及个体自由和诚信的方面，应不受国家权力的任意支配，因此，死刑是一种不可接受的国家权力工具。两个国家都没有停止使用死刑，也没有停止对死刑存在的合理化。这里我们看到了对公共福利的一致认可（双方都通过某种不同的逻辑证明了其合理性），尽管由于政治和经济价值相互矛盾造成的压力，导致了对公共福利的损害。②

其他的国际协定是基于经济交易共同规则的公共利益、透明的共同标准以及调解纠纷的公共机构。此外，中美一致认可和平是主要的共享利益，因此应该利用国家间一切可能的解决争议的手段来避免军事行动的暴

---

① Gaia，希腊神话中的大地女神，又称地母。盖亚是一个统称，包含了地球上有机生命体通过影响自然环境使之更适于生存的相关概念。——译者注

② Daniel A. Bell, *East Meets West: Human Rights and Democracy in East Asia*, Princeton, NJ: Princeton University Press, 2000.

力——这些都没有阻止亚太地区军备竞赛的继续进行。最后，双方一致认可全球环境是需要保护的共同利益，然而，到目前为止没有关于谁应该支付更多环境保护成本的协定。

有一些这方面的例子显示，中美以及世界上大多数国家的一些价值观是相互重叠的，这就足以为在口头上承认共享公共利益提供合理性。也有一些例子表明，某些相互重叠价值观如何与其他重叠价值观之间产生冲突，比如，对人权的尊重和政治“稳定”以及“国家安全”的价值观之间就充满张力。

中美基本价值观（尽管因为不同的道德传统而有所差异）之间有足够重叠的部分去建构一个稳定、和平的国际关系。中美之间不存在不可调和的“核心价值观”，不可调和的核心价值将导致这两个国家陷入不可避免的冲突。这与现代世界道德秩序的经典自由主义准则非常契合。国家和个人之间受到不可调和的利益困扰，并且没有优先处理这些利益的相关制度。现在能够做得最好的事情是就容忍平衡这些利益的不同方式的必要性达成一致。公共机构的责任是维护程序，允许个人私下在不同的战神（不同价值）中寻找自己的归宿。[①] 但在一个全球化的世界，需要在最低程度上承认竞争政治的运作方式。国家之间有足够多重叠的共识去支持和平共处和有效率经济交易的最低标准。这些最低标准是共同的公共利益，它们能够为国际和平和秩序提供不太稳定的基础。

这是好消息。然而，有理由担心这样的基础可能不够牢靠，以至于不能阻止全球灾难的发生。来自强大经济和政治利益的巨大诱惑，会扰乱国际规范。同时，全球化相互依存的强大力量瓦解着社会信任，开辟了罪恶的剥削之路，产生经济不公，引起了具有暴力性的民粹主义崛起。这样崛起的民粹主义常常会挑战科学精英们对知识的学术性探寻，精英们经常被视为与有权有势者同流合污。在这种动荡的情况下，确保国际和平、繁荣以及对人权尊重的最低共同标准很容易被颠覆。各种价值领域之间的难以解决的冲突继续着，伴随着道德混乱、异化，甚至是绝望。

长远来看，寻找全球共识的深层结构，使许多利益相关者参与建立更为健全的全球机构是非常重要的。这就是天主教的道德传统中被称作共同

---

① Richard Madsen and Tracy B. Strong, “Introduction”, *The Many and the One*: *Religious and Secular Perspectives on Ethical Pluralism in the Modern World*, co-edited with Tracy. B. Strong, Princeton NJ: Princeton University Press, 2003, pp. 2-3.

善的东西。在关于这个传统的著作里，雅克·马里顿（Jacques Maritain）说道，政治社会的共同善“包括所有的公民良心、政治美德和权利自由、物质富足和精神财富、无意识继承的智慧以及成员个体生命的道德正直、正义、友谊、幸福和英雄行为的总和或者社会学整合”①。

这种总和或者社会学整合不会很快发生，尤其是在全球范围内更是如此。但是对全世界人文知识分子、精神领导者或者进步政治家来说，对它的追求可以或者应该是一项鼓舞人心的使命。这需要长期的来自许多不同文化、有着善良意志的人民之间相互变革性的对话。但是，文化传统之间的差异在此将发挥作用，例如中美之间。在现代，不同的文化类型支持着相似价值的碎片化集群。但是，它们形成了不同的框架，来理解价值观之间的冲突以及调和价值冲突的不同条件与路径。查尔斯·泰勒（Charles Taylor）的“社会想象”概念，用于观察中美之间文化传统体现了不同的“社会想象”是很有用处的。②

中国和美国的“社会想象”

使用“社会想象”一词，泰勒所指的是，那些塑造了人们建构社会世界图像方式的基本假设：他们想象构成其世界的基本社会组织的方式，以及人们对如何归属于社会组织、如何处理不同社区间关系的预期。在最深的层次，特定文化可以说是依赖这样的社会想象，它们建构了关于实然和应然争论的框架。社会想象是先于理论的，通过图像和故事进行交流，通过共同执行的仪式来发挥作用。当一种文化的范围扩展时，比如通过与另一种文化建立联系，其社会想象就不能再支持对某些新状况出现一致反应，从而导致对其基本假定的批判性的理论反思。从这种观点来看，我们可以说中国和美国的社会想象（以及西方和其他地区的多数国家）受到全球交通和贸易的快速扩张的挑战。这就是为什么我们需要全球共同善的多元文化对话。这类研讨上汇聚的理论反思的方向，取决于产生这些挑战

① Jacques Maritain, *The Person and the Common Good*, trans. John Fitzgerald, New York: Scribner, 1947, pp. 52-53. Quoted in Haldane, op. cit. 111.

② Charles Taylor, *A Secular Age*, Cambridge, MA: Harvard Belkap, 2007, pp. 171-176 and passim.

的某些社会想象的特别见解。

让我首先分析中国社会想象的一些特征，然后将其与美国版本进行对比①，思考中国经典哲学传统中谈论善的方式。中国对应的词是“善”，其在儒家话语中的位置迥异于其在西方古典哲学中的位置。在希伯来圣经和古典希腊哲学中，善是人类命运的开始和终结。《创世记》开头说，起初神（God）创造天地（1：1）。神看是好的（1：10）。神就照着自己的形象造人，乃是照着他的形象造男造女（1：27），神看着是好的（1：25）。上帝的善（尽管有很多反面表现）是整个希伯来《圣经》的中心教导。② 在亚里士多德（Aristotle）的伦理观中，追求善是道德生活的目标。③ 后来，在中世纪基督教哲学的体系中，至善被确定与主同在。在这种话语中，“善”变得绝对化了。以为一个人能想象绝对的“善”，以平衡绝对的恶。

我们认为，在儒家传统中却拒绝这样的将“善”绝对化。“善”在《论语》中是断断续续被提到的。儒家哲学的核心是强调“仁”（人的关联性）和“礼”（用来表达和实现有序的人际关系的仪式）。如果一个人奉行“礼”，养成“仁”的德行，那么自然就是行“善”；善行会带给有良好道德修养者极大的喜悦。“善”代表了生命终极价值的品性。然而，这种品性并没有成为道德共同体的神圣基础，只是生活方式的附带结果。在这种生活方式中，人们用仪式的实践来表达敬畏、社会角色的区分以及互相支持，从而使和谐稳定成为可能。在儒家传统中，生活方式最为基本的目标是避免社会的两极分化，以非暴力冲突的方式来解决问题。

在道家经典中，善恶之间的区分受到质疑。在《道德经》中我们读到，“善之与恶，相去若何？……荒兮其未央哉！”（《道德经》第二十章）④ 但是，到了公元2世纪，张道陵所创立的道教传统中，“善”被用

① 接下来关于中国传统中“善”的段落取自 Richard Madsen, *Democracy's Dharma: Religious Renaissance and Political Development in Taiwan*, Berkeley: University of California Press, 2007, pp. 155-156。

② 这个论点受惠于著名的《圣经》学者 David Noel Freedman。他指出，希伯来《圣经》原来的排版中第一句以“好”结尾，最后一句说上帝是好的。如果对整个希伯来《圣经》做字数统计，并在整个文本中寻找中间词，就会发现这个词是“善”（good）。

③ Aristotle, *Nicomachean Ethics*, trans. J. A. K. Thomson, London: Penguin Classics, 1955.

④ 老子：《道德经》。

来指通向得道成仙的道德佳行和灵验祈求。佛教用“善”来表示慈善的行为，将带来好报。在佛教和道教传统中，“善”是一种手段，通过善来寻求通向得道成仙或往生极乐净土的终极目标。不过在释道这两种情形中，并没有将“善”发展为至善（summum bonum）那样的东西——万事万物要达到的终极目标。在中国传统文化中，缺少人类追求的超越性和超自然的善。“性本善”是现世的基础，意识到与自然万物的相存相生，人类建立社群事业则有着无限的可能性。

由此类哲学传统所表达的设想已经深深交织在中国社会生活中，一直延续到今天，当然这并不是说从来没有受到过任何严重挑战。在20世纪，毛泽东领导的革命者们（就我所知）几乎没有使用善恶的传统话语去描述其从事的斗争。尤其是在“文化大革命”期间，善与恶斗争的说法是以“敌人和我们”、走社会主义道路和走资本主义道路的方式来描述的。我本人关于“文化大革命”期间中国南方村庄的研究，涉及几位被人认为是善良的村民，其中一位主要的受访对象说，在“文化大革命”期间，品格善良忠厚者不适合担任领导。[①]“善”作为传统词汇和社会想象的一部分，难以号召并激发现代社会的激烈争斗。

然而，毛时代结束后，中国看起来回归到了某种根植于熟悉的传统社会想象的常态中。在大多数关于如何构建中国政治经济的激烈争论中，在方法上似乎有着共同性，即继承着我们上述所描述的文化传统。首先，探寻这种共同性：定义公民和政府、父母与子女之间的恰当关系，培养能够维系这些关系的品德。接下来，就是关于“善”的观念。

相比之下，西方，尤其是美国以极端形式，处理类似的问题，将首先寻找善——通过澄清价值并阐明其含义，来清晰界定什么是善，——然后通过论证其有效性，结合着说服和强力让别人接受它，使善变得普遍。在中美文化中多数人都追求类似的价值——和平、安全、物质舒适、幸福的家庭生活、良好的教育和创新机会——但他们用不同的方式思考如何追求这些价值。

---

① Richard Madsen, *Morality and Power in a Chinese Village*, Berkeley: University of California Press, 1984.

社会想象和社区形式

在微观层次上，我们看到不同的社会想象如何产生不同的构建社群生活的方式。一个好例子就是，人们以不同的方式构建宗教社群，而宗教社群是人们表达和庆祝其最在乎价值的场所。基于我对美国宗教组织的动态研究，我把美国宗教图景描述为“信仰的群岛”。[①] 美国人在宗教方面流动性极强，不断地寻找合适的社群来崇拜上帝。在美国人的社会想象中，这些社群都是志愿性质的：正如我的几位访谈对象告诉我的，个人选择了教会，甚至选择了神。人们常常是通过离开曾经成长于其中的教堂，来实现自我选择；在找到新的宗教归属之前，通常经历一番怀疑和困惑的折磨。他知道自己找到了合适的共同体，因为感觉很好，新的宗教群体回应了内心的某种渴求。一旦建立起意识形态的屏障和社会边界来保持，这样新的信仰会更纯粹、更真实，远胜于其放弃的信仰。但事实上，人们通常并不会远离旧的宗教社群。犹太人会从改革教会转到正统的教会，但通常不会变成基督徒。天主教徒通常和天主教的礼拜仪式保持一致，但是会在更自由和更保守的信仰表达形式之间变动。福音派信徒常常在不同的福音派教会之间游移，而不会进入主流的新教教会或者成为天主教徒。

美国宗教的地理性分布因此有些像集合了一堆坚定信仰小岛的群岛。这些小岛的人口有些是流动的，因为不确定性深深嵌入美国宗教文化的核心。这些不确定性不是信仰弱化的结果，恰恰是折射了美国社会想象基本假定的力量，而且有助于将美国宗教个人主义作为前提。主流美国人越是认真地听随其内心的宗教本能，他们就会变得越不安。

尽管深深嵌入美国人宗教信仰中的不确定性导致了信仰岛间的变化游移，日常生活中的社会现实限制了大多数人远离其家庭宗教的距离。有大量的宗教运动发生在邻岛之间，而不是经常从群岛的一端到另一端。

相较之下，中国宗教图景更像是信仰的大陆。“文化大革命”期间狂热者们努力破除所有的宗教——作为“四旧”的一部分，但最终并没有

① Richard Madsen, “The Archipelago of Faith: Religious Individualism and Faith Community in America Today”, *American Journal of Sociology*, 114, no. 5 (March 2009), 1263-1301.

成功。自1978年改革开放以来的最近几十年，所有的宗教已经逐渐恢复。数以百万计的地方寺庙在过去几十年间建起来或者重新修建。宗教活动形式常常是相连的，而不是分离的。例如，地方民间寺庙通常供奉着各种各样的神明，每一个神都代表不同的神力或者价值，保佑民众的生活。如果一个神不能有求必应，寺庙就添加另一个神，而新神并不会排斥旧神。因此，很多寺庙都供奉着很多神，相当拥挤。①

此外，民间宗教实践把个人和家庭社区连接起来，而不是让两者脱离。很多进城工作的人把钱寄回家，帮助修建祖宗祠堂，在中国春节期间不管多么困难，都要返乡过年。即使当中国人移居海外时，他们也把祖先牌位随身携带。比如，在美国唐人街的妈祖庙崇拜，就连接着美国华人和他们的家乡。②

很多宗教群体，以努力维系着家庭和本土关系作为象征，即使这些关系已经到了崩溃的边缘。甚至当中国人皈信了基督教以后，也经常会发生这样的事。最近几年，在美国的华人皈信基督教变得越来越普遍。即使在美国，中国基督徒仍保留着旧的信仰形式，这有时候令西方福音传道者感到不安。

在不少的社区中，像在纽约的福建天主教徒（很多是在血汗工厂劳作的非法移民），把他们辛苦挣来的钱寄回家乡建教堂。中国的地方性基督教社区采用与神的灵性交流和信仰治疗（faith healing）的形式，与中国传统民间宗教实践有着共同之处，但是也突破了西方基督教正统信仰的边界。所有形式的中国宗教社区构建了联系网络，而不是相互隔离的群岛。他们不断增加多元宗教活动的混合性，而不在乎信仰是否纯粹。重点是维持关系的多样化形式，期待着良好的结果。

当然好事通常不会轻易到来。中国社会遭受了混乱和悲剧的困扰，而西方社会在过去一百年也如此。我们都追求共同善，但是没有人知晓

① David A. Palmer, Glenn Shive, and Philip L. Wickeri eds., Chinese Religious Life, New York: Oxford University Press, 2011. See also, Kenneth Dean, "Local Religious Traditions of Southeast china: A Challenge to Definitions of Religion and Theories of Ritual", in Fenggang Yang and Graeme Lang eds., *Social Scientific Studies of Religion in China*, Leiden: Brill, 2011, pp. 133–162.

② Richard Madsen and Elijah Siegler, "The Globalization of Chinese Religion and Traditions", in David A. Palmer, Glenn Shive, and Philip L. Wickeri eds., *Chinese Religious Life*, Oxford: Oxford University Press, 2011.

实现的路径。在不同的社会想象里，应对困境和失败的方式不同。美国人的风格就是责怪别人，是因为别人的错误想法才导致了我们走错了路。这就使得我们的政治话语充满噪声和刺激性的言辞。但是由美国人的流动性所拓展的网络和重叠社区，经常导致降低了日常礼仪（礼貌）的标准，从而掩饰那些彼此敌对的言辞。中国人的方式则是建立新的关系——如果有必要，再增添新神——这可以让情形变得更好些。从而使得彼此的明显分歧受到抑制，以维护表面上的和谐关系或者表达对和谐关系的愿望。但有时候，出现被压抑者的反弹，并以暴力的形式冲击表面上的和谐。

中美文化之间确实有差异，但是差异主要存在于文化传统核心的社会想象上，而不在于各自文化中人们追求的一系列基本价值中。这些差异使我们以不同的方式谈论这些价值，试图追求实现价值的不同路径，以及如何应对难以避免的困境的不同方式。差异对我们相互的理解形成挑战，表明需要更有效的跨文化诠释，但这些并不会阻碍我们对追求全球共同善达成一致的希望。

传统社会想象的不充分

然而，我们今天面对的基本问题是，全球性的相互依存提出了一个道德难题，却不能在任何一个社会想象内被顺利解决。我们所有人都面对着一个全球化的相互依存的世界，这个世界伴随我们成长。全球市场经济既充满了机会也有各种限制。在中国和美国以及世界范围内，全球市场带来了令人兴奋的新机会；新机会令人摆脱了传统家庭义务负担，新经验令人不再重复单调的日常生活，新玩具带来自我表达的快乐。当然，这些跟国家之间以及国家内部的极不平等同时发生。中国和美国都是世界上基尼系数较高的国家。但是，即使新增加的收益大部分进入了1%人的囊中，其他99%中的很多人仍幻想着自己也可以变得富有，或者至少认为有变得比现在更富裕的可能性。即使美国的社会流动研究表明这种可能性越来越小，由于没有正式壁垒，仍然有许多人激发出对财富强烈的希望。[①]

但是全球经济机制像是一个巨大的黑箱，即使对这些所谓的专家来说也一样，结果我们经常遭受梦想破碎带来的灾难性打击。政府承诺缓和市场的混乱局面，以便让充满神奇的市场开放给所有人。但是官僚政府也在我们头顶上壮大，冷漠的政治精英和经济精英沆瀣一气，来确保自身的利益，而不管未来的灾难是否殃及他人。

在21世纪第一个10年中，中美关系是这种不健康状态的关键因素。中国提供了充足的廉价劳动力为全球市场过度生产消费品。对在新工业区工作的“农民工”（与“工人”相对，在马克思的学说中工人享有尊严）来说，他们是消费不起从他们工作的生产线出来的苹果平板电脑（ipads）、耐克运动鞋、蔻驰包的。但是相比留在乡下的生活要好得多，尽管有时在危险条件下工作了更长时间，报酬也不高，但很多人认为他们在城市里的生活更加令人兴奋。多数商品的主要出口市场是美国，由于很多中产阶级的工作已经外包到中国，美国工人也实在买不起这些新产品。但是，美国人能够从中国迅速增长的外汇储蓄中借钱，以维持一个中产阶级的生活方式。太平洋两岸的银行家从每笔交易中盈利。当不可持续的金融系统在2008年崩溃时，银行家却能够通过与政府管理者合谋，来保住其财富的大部分，而令其他人忍受“紧缩”带来的困扰（这种共谋的形式不同：在中国，富人直接贿赂，打破规则；在美国，有钱人则通过捐款支持竞选人的方式来影响规则制定）。同时，太平洋两岸的日益富裕，引发了社会日益的不安以及有关道德标准滑坡的争论。

太平洋两岸，甚至在世界各地，关于这种情形应该做什么样的公开争论，显然产生了更多支离破碎的混乱而不是建设性共识。在美国最高法院，那些饱学的法官们争论奥巴马政府确保所有人付得起一部分的医疗保险计划，是否有些类似于干预西兰花市场。在中国，有一个新左派和新自由主义者之间的争论，前者希望恢复毛时代的某些“不大好”的政策作为解决不平等的手段，而后者则影响某些腐败的官员。

在美国，个人主义的社会想象无法理解一个由人人赋权的社会如何应对各种相互依存的关系。如果人们把社会想象成由个体构成，就很难超越

---

① 见 Martin King Whyte，*Myth of the Social Volcano*：*Perceptions of Inequality and Distributive Justice in Contemporary China*，Stanford：Stanford University Press，2010。怀默霆的调查揭示了许多中国人接受日益普遍的不平等，因为它带来了个人流动的可能性。

熟悉的圈子。正如我们在《心灵的习性》中引用一位加州律师所说的那样，“我最怕被等同于成千上万的那些东西——无论是人，花，汽车，或里程。我只能看到我身边的社区”。[①] 但是在一个全球化的世界，这些成千上万的人和事的确对每一个个体产生影响，从个体主义社会想象的视角来看，能够让这些影响不伤害个人的方式就是建立非个人的规则和程序，来管理人与人之间大量的相互交往，同时保护个人权利。这经常产生了无法解决的矛盾。为了缓解这套规则对个体自主性的限制，就需要增加新规定以核查和平衡早先的规定，直到整个复杂的系统因其过于繁复而出现最后的崩溃。

中国的社会想象能让人更好地辨别社会世界的相互依赖。但是，它常常把这些相互依赖视为人际关系的网络，以大家庭的相互扶持状态和角色为模式。然而，从这种视角来看，很难想象如何处理成千上万的人和事之间的相互连接。日常实践中，人们经常寄望于那些有教养和道德责任的智慧领袖身上，他处于连锁系统的权威顶点，以家长式的方式来管控一切。从这种观点看，国际和谐也应该取决于接受良好教养的精英们个人之间的关系——除非人们不相信其他精英拥有必要的修养，在这种情况下，我们就不要把他们当回事儿。在具体实践中，情况并不乐观。现代生活的节奏不利于发展政治智慧所需的个人修养。那些位高权重的人肆意挥霍着巨量的财富和权力，造成了腐败的盛行。

因此，全球性系统在马克斯·韦伯“战神”的支配下，在包括财富、权力、感官满足和与道德分离的技术知识的束缚下，我们在某种程度上都是多神主义者。但在西方，我们仍然有着一神论的意识形态，这让我们看到了“战神”在零和条件下的斗争。在亚洲，许多人是多神教徒，他们把“战神”想象成古代希腊诸神，在没有规则的社会中制定可能的人际同盟。最终，过度增长的现代制度抵挡了这样的联盟。

中国社会，像今天许多亚洲社会一样，正在快速经历着个体化过程，因为快速发展使人们摆脱了传统的家庭和社区责任网络；但所缺乏的是一种相应的个体主义意识形态、对每个个体尊严的尊重以及神圣不可侵犯。结果，人们认为雇主尽可能剥削雇员以获取最大利润，有个别雇员为了获

① Robert N. Bellah, Richard Madsen, William M. Sullivan, Ann Swidler, and Steven M. Tipton, *Habits of the Heart: Individualism and Commitment in American Life*, Berkeley: University of California Press, 1985, p. 179.

取一些好处而撒谎和欺骗，甚至以为是理所当然的。① 另一方面美国社会正在经历不断增加的相互依存的需要，却对相应的社群主义意识形态没有丝毫的宽容。人们可以感觉到的是，难以控制全球金融结构和最终必然出现的对全球生态承载能力的限制。

全球视野中的共同善

在全球视野中寻求共同善，我们必须借鉴中国人的智慧："摸着石头过河。"首先，双方都可以集中在前现代西方传统（中国哲学中也存在着相似的传统）对实践理性的重视。正如威廉·莎莉文（William Sullivan）所说，"和理论思维相反，实践理性总是以追求善的或者有价值的目标开始……然而，实践中善总是出现在特定的情形和背景中。因此，实践理性最大的问题是发现特定情形中这些善和价值的意义，辨别道德要求和实际可能的限制。一个特定的伦理传统为道德重要性提供了起点，但是，实践理性的'解释圈'要求努力检验针对实际情形复杂性的道德目标——有时也包括其他人不同的道德感知"②。

探索走向全球共善之路，知识分子的任务是成为真正的掌握多种语言的人，能够根据不同的语境在道德话语的模式之间移动穿梭。共同善的追求需要知识，也需要其他相关美德的发展。

也许唯一有效的超越传统社会想象的方式是通过互相批评性对话来达致彼此学习的目的。第一步必须是相互翻译。但翻译不只是个技术活，深深嵌入在多样文化传统中的社会想象很难完全转化到另一种文化中。根据亚洲传统的假设，真正的学习不仅仅是认知的启蒙，同时也包括道德方面的教化。有效的教育需要个人化的弟子和睿智的老师。因此，一个相互丰

---

① Yunxiang Yan, *Private Life under Socialism: Love, Intimacy, and Family Change in a Chinese Village*, 1949-1999, Stanford: Stanford University Press, 2003. 有关农民工的案例，请见 Leslie T. Chang, *Factory Girls: From Village to City in a Changing China*, New York: Spiegel and Grau, 2008。

② William M. Sullivan, "Ethical Universalism and Particularism: A Comparison of Outlooks", in William M. Sullivan and Will Kymlicka, *The Globalization of Ethics*, New York: Cambridge University Press, 2007, p. 208.

富的对话需要内在的改变，以便学会接受另一方作为参照系；并非完全接受对方，而是使自己开放胸襟，实现在一定程度的转变。

由于这样的对话相当缓慢——可能是几十年，甚至数百年，如果地球能够存在那么久——能够产生连锁效应，多种网络协定和制度用以维持全球可持续发展，缓解严重的不平等，丰富文化交流。尽管这样的结果不会消灭“战神”，但它至少能促成有效的和平，为了所有人的共同善。

从法国恐怖袭击谈“和而不同”的价值

——对亨廷顿的《文明的冲突与世界秩序的重建》的再批判

［美］陈　纳　范丽珠*

近年来恐怖主义的阴影笼罩全球，法国受害尤为突出。2015 年新年伊始，讽刺漫画杂志《查理周刊》在巴黎的总部于 1 月 7 日遭受恐怖袭击，包括漫画家、记者和警察在内的十多人被枪杀身亡，全世界为之震惊。在接下来的二十天里，又有一系列的恐怖事件在法国发生，令人神经紧绷，无法松弛。接近岁末，在 11 月 13 日的一个晚上，巴黎遭受了多起恐怖袭击，从法兰西体育场到巴塔克兰剧院，从共和广场到伏尔泰大街，陆续发生了一连串枪击和爆炸事件，死伤近五百人。时任法国总统奥朗德宣布，巴黎遭到史无前例的恐怖袭击，全国进入紧急状态。2016 年 7 月 14 日深夜，法国海滨城市尼斯市的国庆庆祝活动遭袭，一辆大卡车撞向正在观看“巴士底日”烟花表演的人群，造成至少 84 人死亡，202 人受伤。总统奥朗德宣布将法国当时实施的紧急状态再延长 3 个月。

惨烈无比的系列恐怖大案，令许多人再度提起美国政治学家塞缪尔·亨廷顿和他的著作《文明的冲突》①，试图从亨廷顿的理论中寻求答案。其实，自从亨氏的大作于 1996 年出版以来，尤其是 2001 年美国“9·11”恐怖事件发生以来，就一再引起学界和媒体的热议，尽管亨氏的理论遭到多方面的批评，但还是被许多人认为是对冷战结束以后世界局面发展的预言性判断，并在一定程度上影响着某些政府的政策制定。亨廷顿的理论说

---

* 陈纳，社会学博士，复旦大学复旦发展研究院研究员、复旦大学社会发展研究中心“全球化与宗教研究”研究员；范丽珠，社会学博士，复旦大学社会发展与公共政策学院教授、博士生导师，复旦大学社会发展研究中心“全球化与宗教研究”研究员。

① ［美］塞缪尔·亨廷顿，《文明的冲突与世界秩序的重建》，周琪、刘绯、张立平、王圆译，新华出版社 2002 年版。

了些什么呢?

作为半个世纪以来美国政治学和国际关系研究的大家，亨廷顿确实有敏锐过人的学术眼光。早在1992年，即苏联解体的第二年，他就在一次演讲中探讨了文明冲突的问题；继而，亨氏于1993年9月在美国《外交》杂志上发表文章《文明的冲突》，阐明其关于这一问题的基本理论；三年后出书《文明的冲突》，基本上是对这篇文章内容的细化和拓展。亨氏认为，1991年苏联解体以后，冷战结束，世界的大格局发生了变化，原先在政治意识形态基础上或经济意识形态基础上形成的世界性冲突，将被以文明为基础的冲突所取代。亨廷顿借鉴20世纪历史研究的理论，认为进入21世纪的世界大体分为七个或八个主要文明：西方文明、儒家文明、日本文明、伊斯兰文明、印度文明、斯拉夫—东正教文明、拉美文明，以及（可能的）非洲文明。在这些不同文明之间存在的地理交接处形成了文化断层线（the cultural fault lines），未来世界的重大冲突将会沿着这些文化断层线展开。这就是所谓“文明的冲突”理论的大框架。

具体说来，亨氏认为，不同文明通过“历史、语言、文化和传统”等要素形成差异，而核心的要素是宗教，所谓几大文明的划分主要就是依据宗教传统来划分的。差异性意味着冲突，尽管冲突未必总是意味着暴力，但是许多世纪以来文明的差异性确实导致了长期的和最为暴力的冲突。随着当今世界变得越来越小，不同文明之间的互动越来越频繁，人们对文明的自我意识越来越强烈，尤其是20世纪后期以来世界性的去世俗化潮流所带来的宗教复兴，更强化了人群建立在宗教基础上的身份认同。而且，亨氏认为，无论是文明的差异性还是基于文化传统的身份认同都是不易改变的。书中对相关的概念定义明确，在观点论证过程中旁征博引。如果跟随作者的逻辑走，全书读来可谓一气呵成，不能不说是一部出自高手的佳作。然而，细细琢磨，则不难发现书中存在许多问题与冠以文化之名的陷阱。其中最值得质疑的问题就是亨氏贯穿全书的基本思想——“差异性意味着冲突”。正是从这个预设前提出发，作者对人类社会的历史、现状与未来展开了讨论，并突出了“文明冲突”的主题。

在很大程度上，亨廷顿将这一预设前提视为“不言而喻”的必然。然而，这个根据历史上宗教传统的差异和冲突就推导出的当今和未来世界的“文明冲突”的理论，其逻辑显然是值得商榷的。早在亨氏的文章成书以前，汤一介先生就在《评亨廷顿的〈文明的冲突〉》一文中，针对亨氏关于“儒家—伊斯兰的联合以对抗西方”的说法指出，儒家传统中的“和为贵”和“普遍和谐”的观念与亨氏所强调的冲突说是不相容的，亨氏的说法“表明他对儒家作为一种理论体系完全不了解”。[①] 继而汤先生又在《“和而不同”原则的价值资源》一文中提出，要以孔子“和而不同”的思想来应对“今日世界的纷争”和“文明差异性”的问题，认为“这正符合当前世界多元文化发展的趋势”。[②]

面对同样的一个世界，中西方学者之间的观点截然不同。顺着亨廷顿的视角看去，这或许也可以解释为由于中西方不同的文明、由于不同的信仰传统而形成的观念上的冲突。然而，本文认为，“和而不同”无论作为一种观念还是实践，在很大程度上可以说是不分东西的，具有一定的普世价值。如前所述，亨氏所说的文明差异主要是指宗教传统上的差异。稍微浏览一下历史就可以发现，伴随着宗教信仰的差异确实发生过数不清的冲突和战争，尤其在中古的欧洲和近东地带。然而，进入现代，也就是亨氏在书中所说的“公元1500年以来”，情况渐渐发生了的变化。宗教改革就是这个变化中的重要环节。由马丁·路德等人于16世纪初发起的新教改革，打破了传统基督王国（Christendom）在欧洲一统天下的历史，也谱写了宗教冲突的新篇章。改革者旗帜鲜明，从一开始就将斗争矛头直指罗马教廷，而教廷也毫不含糊，对改革者的“邪恶”行为表示零容忍并施以全方位的惩罚。人们相信，如果当时教廷能够抓住马丁·路德，那么其下场或许只能与早他一百年的宗教改革先驱者胡斯（1369—1415）一样被绑在火刑柱上烧死。然而，聪明且狡黠的路德一再拒绝罗马方面的邀请，在教廷鞭长莫及的地方藏匿起来从事宗教文献的翻译并撰写令天主教会头痛的文章。于是，教皇利奥十世于1521年宣布对马丁·路德施以绝罚（excommunication）。这种基于宗教信仰差异的两大派别之间针尖对麦芒的交锋，逐步从口水大战转化为暴力冲突，终于酿成腥风血雨的战争。

---

① 汤一介：《评亨廷顿的〈文明的冲突〉》，载汤一介《和而不同》，辽宁人民出版社2001年版，第56—65页。

② 汤一介：《“和而不同”原则的价值资源》，载汤一介《和而不同》，辽宁人民出版社2001年版，第66—73页。

根据理查德·顿（Richard S. Dunn）在《宗教战争的岁月：1559—1715》[①] 一书中的论述，从16世纪中叶至18世纪初的一个半世纪里，欧洲几乎处于持续的战争状态；其间，时断时续的和平时期加在一起也不到三十年。欧洲所有的主要国家都在这一时期卷入了战争。在最初约一个世纪的时间里，几乎所有的主要战争都有一个共同特点：敌对双方分别是天主教徒和新教教徒。[②] 尽管引发战争的因素往往并不局限于宗教，战事发生的过程也多种多样，有地方性的起义，有一国的内战，有跨国的征伐，但其核心原因还是要归结于教派纷争，故统称之为宗教战争是名副其实的。在长达一个多世纪的时间里，战事不绝，人祸加上天灾（其间瘟疫断续流行于欧洲各地），致使生灵涂炭，百姓流离失所。史书中对这一时期战争之残酷和世道之混乱有大量记载，其中最著名的事件之一是圣巴托罗缪大屠杀。

图1　圣巴托罗缪大屠杀

资料来源：By François Dubois - [1], Public Domain, https://commons.wikimedia.org/w/index.php?curid=4018185。

事件发生在法国宗教战争时期（1562—1598）的巴黎。这场内战的交战双方分别是法国的天主教徒和法国的胡格诺派教徒，后者属于新教卡

---

① Richard S. Dunn, *The Age of Religious Wars, 1559 - 1715*, London: W. W. Norton & Company, 1979.

② 尽管宗教改革时期发生了一系列新教内部不同教派之间的冲突和战争，也有新旧教合力对付某些“异端”的暴力，但这些并非主流，本文不拟细述。

尔文宗在法国的教派。在内战最初的十年，胡格诺派似乎逐渐占据上风。1572 年 8 月，战事处于暂时平息的状态，胡格诺派上层的一批贵族精英汇聚巴黎，参加一场重要的婚礼。当时，尽管巴黎是天主教势力的地盘，但胡格诺派在整个战事的大局上占据主动，况且婚礼还是胡格诺派的顶层家族与天主教派的法国王室之间的联姻，所以前来巴黎的胡格诺派大员们似乎并无戒备。然而，8 月 23 日至 24 日夜间，数以万计的天主教徒按照预先的策划统一行动，以午夜以后的教堂钟声为号，大举屠杀集聚在巴黎的胡格诺派人士。一夜之间，在胡格诺派主要领袖人物被杀的同时，他们的家属、随员以及在巴黎城中数以千计的胡格诺派的信众也都死于非命。很快，巴黎的暴行进一步扩展到法国城乡的其他地区。前后数星期，巴黎和各地惨遭杀戮者多达数万人。① 这场震撼史册的巴黎惨案，因为发生在天主教传统中圣人巴托罗缪纪念日（8 月 24 日）的前夜，史称“圣巴托罗缪大屠杀”。

尽管我们在讨论当今发生在巴黎以及整个法国的系列惨案时，重提四百多年前发生的大屠杀，是一种痛苦的回忆和类比，但从以史为鉴的角度来看，人类需要从自身酿成的灾难中汲取教训，从痛苦与死亡中获得意义，从而寻求和谐共存之途径，以避免所谓的“文明冲突”，则是不无意义的。

在 16 世纪后期发生于法国的近四十年的宗教战争中，死难者总数多达百万，圣巴托罗缪大屠杀只是其中一个片段。而在整个宗教改革时期，席卷全欧的断断续续的宗教战争则持续了一个多世纪，直接和间接死于战乱的人口更是难以计数。导致欧洲宗教战争的因素很多，学界对这一段血腥的历史有种种说法，但有一点是没有争议的——这是一场与宗教信仰差异性直接相关的生死冲突。如今，倘若借用亨廷顿的理论框架来分析，是否也要将之归为基于宗教分歧之上的文明冲突呢？

本文尤其关注的是旷日持久的欧洲宗教战争的最终结局。在长达一百多年的时间里，先后发生的战事有过许多次局部的或阶段性的结束，新旧教冲突双方或涉事多方签署了许多项协议、达成共识，其中有一些是具有划时代意义的文献。例如，由法国国王亨利四世于 1598 年 4 月 13 日签署

---

① 关于在圣巴托罗缪大屠杀中的死难人数，历史文献中没有准确的数据，后人估计的死难者总数相差很大，从 5000 人到 30000 人不等。请参见法国的阿莱特·茹阿纳所著、梁爽翻译的《圣巴托罗缪大屠杀》，该书由北京大学出版社于 2015 年 1 月出版。

的《南特敕令》，承认了法国新教徒的信仰自由，同时在法律上赋予新教徒与天主教徒同等权利，由此开创了近代欧洲宗教自由、宗教宽容的传统，历史影响深远。再如，签署于 1648 年旨在结束三十年宗教战争的《威斯特伐利亚和约》，包含了一系列双边和多边的条约，涉及对诸多宗教、政治、历史和文化关系的界定，为现代民族国家的发展和欧洲政治的整体格局奠定了基础。

图 2 签署《南特敕令》的法国国王亨利四世

资料来源：By Frans Pourbus the younger-http：//keptar. demasz. hu/arthp/html/p/pourbus/，Public Domain，https：//commons. wikimedia. org/w/index. php?curid=17269。

从总体上看，当时产生的这些历史文献，除了结束战争、停止杀戮以外，最重要的就是宗教宽容，即在相对平等的基础上对宗教信仰和实践的差异性采取认可和宽容的态度。[①] 需要强调指出的是，持续了几代人、以

① 在当时特定的情况下，宗教宽容是针对基督宗教内部而言的，主要是在天主教和基督新教之间在信仰和实践上的宽容。然而，这也为西方现代社会中在更广泛意义上的宗教宽容铺垫了基础。

数百万人的生命为直接代价的欧洲宗教战争，并没有使得交战的敌对方放弃或改变特定的宗教信仰和实践，然而，战争还是结束了，这些曾经因为宗教分歧而不共戴天、兵戎相见的世代仇雠，最终还是选择了在宗教宽容的基础上和平共处于欧洲的大地上。无论交战各方达成协议的出发点究竟是什么，毫无疑义的是他们实现了宽容和妥协的结局，这样做不正是对“和而不同”价值的高度肯定和伟大实践吗?!①

而且，近代以来几个世纪的历史显示，这种对宗教差异性采取宽容态度的“和而不同”并非一时一事的权宜之计。尽管《南特敕令》这样的政令在实施过程中遇到种种曲折，甚至在颁布八十多年后曾遭废止，但它毕竟开创了近代欧洲宗教自由、宗教宽容的风气，并且随着时间的推移，这种开放、宽容的风气已经由基督宗教内部推向了超越基督宗教的范围。尽管“威斯特伐利亚和平”是政治色彩浓厚的利益妥协的结果，但其大

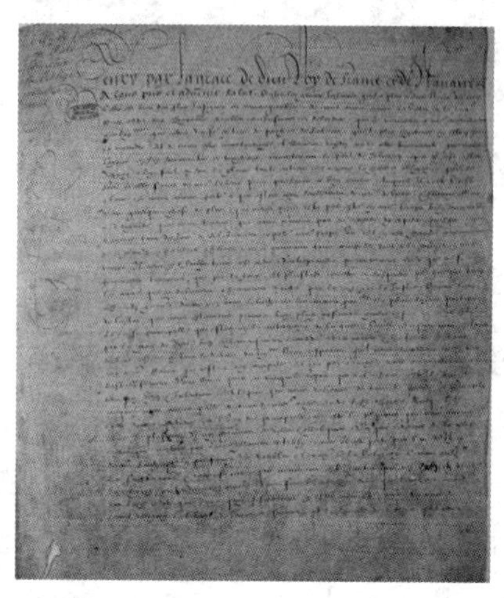

图 3 《南特敕令》

资料来源：By Henry IV-Grands Documents de l'Histoire de France，Archives Nationales，Public Domain，https：//commons. wikimedia. org/w/index. php? curid = 6952268.

① 亨廷顿对此的观点不得而知。亨氏在《文明的冲突》中指出，体现文明冲突特点的断层线战争是断断续续、漫无止境的，哪怕是暂时的停止，通常也有赖于两个因素：其一，因为“主要参与者精力耗尽”，待双方在得到休整和补充给养以后，“当一方看到有机可乘之时，战争便会重新开始”。其二，由冲突的非直接参与者出于自身利益的考虑从中调停。就宗教战争的结局而言，这两个因素都不成立。

前提还是对宗教自由和宗教宽容原则的肯定，并以协议和制度的方式将这样的原则推广开来。纵观过去的三百年，欧洲和整个西方在宗教问题上总的态度是越发宽容自由，越发呈现出“和而不同”的景象，这在宗教改革以前的欧洲是不可思议的，这也是宗教改革给世人留下的极为珍贵的遗产。在全球化趋势日益增强的当今世界，这一遗产就显得格外可贵。

需要与亨廷顿商榷的另一个问题，是关于世界几大文明的划分以及在此基础上提出的“文化断层线”的论述。亨氏的文明划分之说主要借鉴于英国历史学家阿诺德·汤因比（Arnold J. Toynbee，1889—1975）的理论。20世纪30年代中期，汤因比开始出版巨著《历史研究》（前后共出十二卷），提出一套历史研究理论，引起学界极大关注，轰动一时。汤氏史学的突破主要体现在研究方法或视角。具体说来，就是如何确定历史研究中用于比较和分析的基本单位，汤氏称之为“可被认识的单位”（intelligible unit）或者“可被认识的研究范围”（intelligible fields of study）。传统史学中，人们通常以城邦、地区或民族国家作为研究的基本单位或范围，汤氏的视角更为宽宏，将此拓展为文化或文明的范围，关注整个文明体系的发生、发展和消亡。同时，汤氏的研究尤其重视宗教在跨越国家和地区范围的文明体系中的影响和作用。尽管汤氏的历史理论在某些细节和分析视角上引发了争议甚至遭到否定，但其以文化和文明为分析单位的理论框架还是被认可为20世纪史学研究的一大突破，并直接或间接影响了包括史学在内的一系列人文和社会学科。亨廷顿关于文明冲突的论说是政治学和国际关系学的研究，直接受到汤氏理论影响。

汤亨二氏的研究有一个重要的区别。汤氏研究关注的主要是20世纪初以前人类社会数千年来的历史，分析历史上以宗教为重要特征的各大文明的发生和演化过程，提出一个认识人类历史发展特点和规律的理论。如果要说“文化断层线”的话，那么，这些不同文化板块之间的界线在汤氏历史研究的框架下大体上还是相当明晰的，欧洲和近东的情况尤其典型。尽管由于历史上族群的迁徙、战争和动乱，尤其是自15世纪末开始，西方列强的殖民运动和种种因素导致大规模战争，时常在不同程度上打破或更新了所谓的文化断层线，但直到20世纪初，即汤因比从事《历史研究》之研究的时候，历史上形成的宗教/文化版图的轮廓和界线还是相对清晰的。

亨氏的研究同样关注世界历史，尤其是现当代的历史。然而，亨氏套

图 4 历史学家阿诺德·汤因比，美国《时代周刊》封面人物

用汤氏的框架进行历史分析则带来了问题，因为在汤氏于 20 世纪三四十年代提出《历史研究》的理论以后，以宗教/文化为特征的世界历史版图发生着微妙且持续的变化。首先，随着第二次世界大战的结束，前殖民地纷纷独立，伴随着一批批前殖民地人口向欧洲的原宗主国移民。其次，冷战期间一系列武装冲突（包括朝鲜战争、越南战争、中东战争等）产生了大量的战争难民，许多难民落户到西方国家。与此同时，欧洲主要国家因为战后重建对劳动力的需求从西欧以外的国家（许多是伊斯兰国家）引进了大量外籍劳工，这些劳工大多数成了雇主国家的居民。自 20 世纪六七十年代开始加剧的全球化趋势带来了空前的人口大流动，大大突破了传统的国界和宗教/文化区域的限制。90 年代初，苏联集团的解体，带来了新一轮移民高潮。所有这一切都发生在亨氏的著作《文明的冲突与世界秩序的重建》问世以前。所谓宗教/文化的版图本是由具体的人——宗教和文化的载体——构成的。当这些作为载体的人大规模迁徙和流动的时候，版图的结构势必发生变化，原先的文化断层线也会趋于模糊。

亨廷顿的研究是一项展望性的研究，旨在为未来提出一个“世界秩序重建”的方案。这样的研究尤其需要把握历史发展的相关大趋势。尽管亨氏在《文明的冲突与世界秩序的重建》中专门讨论了人类“历史上的文明和今天的文明”（见该书第二章），尤其审察了 20 世纪世界意识形态和文化的变迁，但从整体上看，亨氏的研究对“二战”以来全球化的进程重视不够，尤其没能把握世界人口的流动及其对文化/文明结构影响的大势。自 1996 年《文明的冲突与世界秩序的重建》发表以后，他所忽略的这一趋势在进一步发展。近二十年来，由于北非、中东和中亚地区的乱局，造成了新一轮的难民潮，涌向欧洲的难民（其中大量是信伊斯兰教的难民）动辄数十万，甚至上百万。这给欧洲国家带来了超乎想象的社会压力和人道主义的灾难，同时也在继续修订着欧洲的宗教/文化版图。

根据美国皮尤（Pew）研究中心的 Conrad Hackett 报道，早在 2010 年，法国、德国和英国这三国的穆斯林人口就已经分别占各自总人口数的 7.5%、5.8%和 4.8%。[①] 过去五年多的时间里，这三国的新移民数量持续增长，仅在 2015 年一年内，德国就净增新移民 114 万（约为德国总人口的 1.4%）。[②] 另据 Hackett 的研究，以新移民为主体的欧洲穆斯林人口是一个相对年轻的群体，年龄中值仅为 32 岁（而欧洲基督徒人口的年龄中值是 42 岁），正处于生育旺期。如果再考虑到伊斯兰教的多子女传统，那么，欧洲穆斯林人口的自然增长率必然要远远高于其他人口。英国 2011 年的数据显示，虽然穆斯林在英国总人口中只占 4.8%，但穆斯林在婴幼儿人口（0—4 岁）中占 9.1%，也就是说，英国穆斯林人口的出生率几乎是平均出生率的两倍。[③] 一般认为，目前法国和德国的穆斯林人口的数量都正在接近其总人口的 10%，而且还将以相当快的速度增长。此外，穆斯林人口在这些国家并非平均分布，而是主要集中于城市，尤其高度集中在某些特定的城市。例如，位于地中海岸的法国第二大城市马赛，长期以来成了合法和非法穆斯林移民进入法国的桥头堡，如今穆斯林人口已占

① 参见 Conrad Hackett，“5 facts about the Muslim population in Europe”，http：//www.pewresearch.org/fact-tank/2015/11/17/5-facts-about-the-muslim-population-in-europe/，2016/5/17。

② 德国 2015 年新增移民的半数以上是非欧盟的移民，其中穆斯林移民的具体数据未见报道。参见 Lewis Sanders IV，“Two million：Germany records largest influx of immigrants in 2015”，http：//www.dw.com/en/two-million-germany-records-largest-influx-of-immigrants-in-2015/a-19131436，2016/5/18。

③ 参见 Aisha Gani，“Muslim population in England and Wales nearly doubles in 10 years”，http：//www.theguardian.com/world/2015/feb/11/muslim-population-england-wales-nearly-doubles-10-years，2016/5/18。

马赛市总人口的30%到40%①；在英国的英格兰和威尔斯，有十多个选区的穆斯林人口占选区居民25%以上，有些选区甚至高达50%左右。② 2016年5月9日，身为穆斯林的萨迪克·汗（Sadiq Khan）赢得竞选，就任大伦敦市市长，与穆斯林人口在当地居民中的比例较高直接相关。③

图5　2016年5月，穆斯林萨迪克·汗当选大伦敦市市长

在亨廷顿的分析框架中，北约的边界被认为是西方基督宗教文明与伊斯兰教文明之间的文化断层线，也是西方文明与穆斯林文明发生冲突时的主要防线。面对全球化给欧洲人口结构带来的变化，展望欧洲宗教/文化版图的未来，这条画地为牢式的断层线岂不成了新时代的“马其诺防线”？如果作为其基础的宗教/文明板块和文化断层线的构架发生实质性的变化，亨氏的理论体系又将何以支撑呢？所谓“世界秩序重建”的策略岂不成了一座空中楼阁吗？从这一点上看，作为学术大师的亨廷顿似乎犯了一个低级错误——以相对静态、僵化的视角看待一个处于动态变化中的世界。需要指出的是，亨廷顿的错误不仅在于简单套用了汤因比的分析框架，还在于他对宗教/文化问题持有高度的排他主义，即非此即彼的零

① 关于马赛市的穆斯林人口，各方面数据不一。*The World Population Review* 认为，马赛的穆斯林人口在2014年已达到40%，http：//worldpopulationreview. com/world-cities/marseille-population/，2016年5月18日。

② 参见 Aisha Gani 文章所附图表“Muslims in England & Wales：Constituencies where Muslims account for over 25% of the electorate”。

③ 2016年，大伦敦地区穆斯林人口约占当地总人口的15%，远远高于英国全国穆斯林人口约占总人口5%的比例。参见 http：//worldpopulationreview. com/world-cities/london-population/，2016年7月8日。

和态度，因而着眼于“文明的差异性就意味着冲突”的判断，进而提出文明冲突的理论。

对于亨廷顿的文明冲突的理论，汤一介先生从孔儒传统的“和而不同”的价值出发，进行了针锋相对的批驳。本文对欧洲宗教改革的历史分析显示，作为基督徒的欧洲人在付出了极其高昂的代价以后同样选择和实践了“和而不同”的价值，并为现代社会宗教宽容的原则奠定了基础。当今，全球化的浪潮越发汹涌，已呈不可逆转之大势，曾经是“鸡犬相闻，老死不相往来”的不同“文明板块”正以空前的速度走向彼此，越发形成你中有我、我中有你的局面。在这样的形势下，珍视并实践“和而不同”的价值具有格外重大的意义。

伦敦是欧洲的第一大城市，所谓大伦敦市区有将近900万人口，是以基督宗教为传统的“西方文明”的千年古都；同时，今天的伦敦也是全球化的产物，被认为是全球最具文化多元色彩的城市，可以说，亨廷顿分析框架中的所有主要文明都已在此落户生根。在伦敦，基督宗教仍是多数居民的宗教信仰，信仰伊斯兰教的居民只是一个约占人口15%的少数族群。尽管伦敦是伊斯兰极端主义恐怖袭击的重灾区之一，伦敦的选民还是选择了一位“主流穆斯林”作为他们的市长。据英国《卫报》报道，

图6　伦敦东区清真寺，在斋月把斋的穆斯林准备吃开斋饭

摄影：英国报刊联合社（PA）Dominic Lipinski

资料来源：https：//www.theguardian.com/world/commentisfree/2016/jun/05/fasting-for-ramadan-wont-be-easy-its-the-coffee-ill-miss-the-most。

2016年6月，当新市长萨迪克·汗迎来其任内第一个伊斯兰教斋月的时候，他一面虔诚地把斋，一面利用这个节日组织不同宗教和文化之间的对话。他致力于在伦敦这个文化多元的大都市促进不同文化背景居民之间的理解和融合，使人们产生共同的归属感。①

伦敦的选民和市长之所作所为显然体现了“和而不同”的价值，是来自不同宗教和文化的人们在求同存异的前提下创建“命运共同体”的实践。伦敦的情况，放大来说，就是世界的情况。当今世界，不同的文化/文明正越发广泛地卷入全球化的潮流；确实，不同的族群之间存在着差异、矛盾、误解和冲突，然而，借鉴传统的价值和智慧，越来越多的人会诉诸对话、理解和融合，追求并建立作为地球村村民的共同归属感。实现普遍的“和而不同”会是一个极其漫长而曲折的过程，但除此之外，地球人类还有其他的出路吗？伦敦的案例是对亨廷顿“文明冲突”理论的有力批驳，同时也增添了我们的希望和信心——在全球化的大潮下，“和而不同”不仅是一种价值，一种愿景，同样可以是现实。

---

① 参见https：//www.theguardian.com/world/commentisfree/2016/jun/05/fasting-for-ramadan-wont-be-easy-its-the-coffee-ill-miss-the-most，2016年7月8日。

神明、圣人、萨满和绕境巡游：自下而上的宗教比较

［加］欧大年[*]
赵春兰　范丽珠译

首先，我将以两段描述民间节庆绕境游来开始我的报告，第一个是祭祀一位中国神明，第二个是纪念意大利的圣人。

> 庙会，常常是在神明的诞日，每年一次的庙会活动，通常持续两三天。仪式包括三个主要部分：起会、上表、出巡。在游行过程中，抬着安放神像和神位的轿子，在全村游街；这是庙会最重要的部分。首先请出神明和神位，放在“轿子”上，然后赛会开始，按照次序安排，两人扛着装饰着黄色绸带有叶子的竹竿，另外两人扛着顶上有灯笼的杆子，灯笼上有“神”字以及神的名号，以便让人们知晓祭拜的是何方神圣（在这里是海神娘娘“妈祖”，她是渔民和航海者的保护神）。随后，两个男人举着木制的“肃静”“回避”仪仗牌，以警示沿街看热闹的人们不要打扰游行队伍。第五排是乐手们敲锣打鼓，吹响唢呐。第六排是神的坐轿，最后是其他乐手队伍。赛戏是庙会的高潮。①

以下是有关意大利圣人庆典的情形：

＊ 欧大年（Daniel L. Overmyer），加拿大比西大学（University of British Columbia）荣休教授。

① 张泉清：《粤东五华县华城镇庙会大观》，收录于房学嘉主编《梅州地区的庙会与宗族》，国际客家学会、海外华人研究社、法国远东学院、《客家研究辑刊》编辑部1996年版，第2、6—8页。

> 弥撒庆典在小礼拜堂中举行，堂内富丽堂皇、灯火辉煌，令这个神圣之地显得愈发新鲜与宽敞。神父的训诫彰显了圣贝斯（St. Besse）的荣耀和力量，同时提醒信众们所守的宗教责任。不过，整个仪式活动的核心部分是游行。井然有序、虔诚的信徒们按照性别、年龄和宗教地位分组离开礼拜堂；在“绕山一周”后才返回。这就是说，要完成绕石基一个巡回，因为圣人的礼拜堂就建在此。他们从左门出发，从右边返回，口念着玫瑰经祷告。为了增加仪式的丰富感，小礼拜堂所在的整个坎帕尼亚（Campiglia）教区，为圣贝斯装点了各式各样的旗子和圣像，当然，这些不过是点缀而已。相对应的，有两个因素是游行中最为关键的：首先，是两个光鲜夺目由缎带和纺织品做的装饰品，装裱在一个木制的框子内，由少女顶在头上，几乎快遮住她们的脸庞了；这些饰物在今天会被看作是圣贝斯的“纪念品”，而在过去则是拿经过祝圣的面饼，待游行结束以后才分送给大家。另外，最重要的是，有一个巨大的圣贝斯像，装扮得像罗马士兵手中拿着殉道者的棕榈枝（palm of martyrdom）。四到八位年轻人神情肃穆，将圣像抬在肩上，能承当这样光荣而又值得骄傲的任务，是对他们的信任。①

上面引述的两个案例告诉我们，世界不同地区宗教传统在结构上的共性之一，就是为纪念神明或圣人而举行的一年一度巡游，在印度、日本、南亚、墨西哥或其他地方都有类似的巡游活动。我本人在中国大陆、台湾，墨西哥和意大利也观察过这类游行活动，这些活动是民众广泛参与的复杂的信仰仪式的一部分，反映了普通民众与其社区中代表神明力量的物质性象征的直接沟通。这样的地方性宗教传统的特色是存在于日常生活中，并注重现实功能及其效果。虽然神职人员会有所介入，但大部分的传统是由民众自我主导、组织并传承下去。我在中国对民间信仰实践活动进行过长期的研究，这些活动构成了中国宗教的基础以及信仰的主流。近来，我对将中国宗教与其他文化的宗教相比较越来越感兴趣，发现彼此之间的异同，以便揭示是否其中有足够的共同因素来进行比较研究。若能如

① Robert Hertz, “St. Besse: A Study of an Alpine Cult”, in Stephen Wilson, ed., *Saints and Their Cults: Studies in Religious Sociology, Folklore and History*, Cambridge: Cambridge University Press, 1983, 61（Hertz 在 1912 年时开展了这份报告中的田野调查）。

此，我们或许可以建立一个比较视角，详细描述普通参拜者实际行为；这样的观点，尽管其背后有着不同理论与神话，但能令我们得以观察到宗教传统之间的共性，从而达到对人类普世性宗教实践的理解。后文我将对此观点进行详述。

首先，我要说的是，能够在芝加哥大学斯威夫特讲堂（Swift Lecture Hall）与大家见面，我荣幸之至。非常感谢我能够获此奖项并受邀发表演讲。① 在此，我要表达对我的朋友兼同事余国藩教授的谢意，也要感谢罗森加腾（Rosengarten）院长以及这里的其他的工作人员。还有我亲爱的妻子埃斯特拉（Estella），当我还是这里的研究生时便与她结成伉俪，从此共度人生。

从 1964 年至 1970 年，我在芝加哥大学攻读宗教历史学的硕士和博士学位，其中 1968 年到 1969 年，有一年半的时间我在台湾做毕业论文研究并学习语言。芝加哥大学神学院和宗教历史研究领域启迪了我的心智，我所接触到的文化与知识远超出我的想象。芝大时的我是一生中求知欲最强的时候，无论是在课堂上，还是准备、写作各类资格考试论文，我都处于如饥似渴的求知状态。我至今仍然记忆犹新的是，为准备博士资格综合考试，我和同学们每周一次的研讨持续了一年。其中的一位同学、我的挚友大卫・金斯利（David Kinsley），我与我妻子一直与他保持着密切的联系，直至他在两年前过早离世。大卫是一位杰出的学者、优秀的教师，他出版了关于印度教女神、宗教与治愈以及宗教自然环境观的数本著作。他最后的项目是关于瓦腊纳西（Varanasi，印度东北部城市。——译者）的印度教和穆斯林治疗者的田野研究。他的妻子卡莉（Cary）曾相伴他在印度做研究，现在她正在编辑大卫的田野笔记，准备出版他的研究成果。

芝大的另一个美好记忆，是宗教历史俱乐部的每月聚会。与伊利亚德（Mircea Eliade）、北川（Joseph Kitagawa）、查尔斯・龙（Charles Long），还有其他高年级的研究生们一起高谈阔论。宗教历史俱乐部的聚会不仅启发思想，还有助于成长，很多参与者都是我效法的对象并对我影响至今。我对另一个同学克里斯・周（Chris Chou）也深怀感激之情，他在我修读赫利・克里尔（Herlee Creel）古汉语课时对我有很大帮助，作为回报我

① 2001 年芝加哥大学毕业典礼。

也帮助他学习英语。但是我欠克里斯·周最大的人情是，他所写的关于中国民间宗教教派的论文，帮助我开始了我一生所致力的研究。我的学术成就归功于北川（Joseph Kitagawa）、马蒂（Martin Marty）和孔飞力（Philip Kuhn），我的整个宗教历史研究的学术生涯起源于北川教授在我课程论文后面写的批注。我论文的题目是“中国皇室的冬至祭天仪式”，在批注中，北川教授写道：“我希望你继续此项研究。”我确实这么做了！北川教授经常要求学生在学期中去他的办公室，讨论他们研究论文的题目。从那时起，我就开始效仿他，即使是在不列颠哥伦亚大学（University of British Columbia）有40—50个学生的班级，我也照做不误。两周以前，我刚刚结束了在台湾指导学生们研究和教学的工作。这是一个劳心费力的任务，但是我觉得一切付出都是值得的。

在神学院，我最喜欢的科目是教会历史。但是，后来我阅读了伊利亚德（Mircea Eliade）的著作和一些狄力克（Helmut Thielicke）的布道词，其中涉及北欧神话（Scandinavian mythology），我开始对宗教历史领域产生兴趣。我早前已认识马蒂（Martin Marty），于是我去了他在《基督教世纪》（*the Christian Century*）杂志社的办公室，向他讨教该如何选择研究领域。他说，尽管教会历史是一个非常有趣的主题，但是这个领域已经非常饱和，就业前景也许仅局限于神学院或者教会学院。于是，我决定致力于宗教历史研究。

目前就职于哈佛大学的孔飞力（Philip Kuhn）教授，当时在芝加哥大学。我很感激他，是他鼓励我继续从事博士论文的研究题目，因为另一位芝大的中国历史学家早已预言我选择的题目不可能完成。我也要感谢芮效卫（David Roy）教授，他既是我的中文老师，也教授我学习汉译佛经。总之，我在芝大的学习生涯，在多方面塑造了我。

我知道在某些方面，我并不是一个活跃的校友（尽管在奥伯林学院Oberlin的时候，我有幸为伊利亚德教授申请到荣誉学位）。但是在思想上，不管我走到哪里，我都是芝加哥大学忠诚的校友和追随者，因为我始终十分自豪地扛起芝加哥风格的宗教历史研究大旗。在美国，加拿大，德国，中国大陆、香港和台湾的亚洲与中国宗教研究系，我一直竭尽全力推进宗教的学术研究，尤其是中国宗教。仍有许多工作亟待推进，因为，出于诸多原因，直至最近几年，中国宗教的学术研究才得以开展。

当然，早些年有众多杰出的学者，比如高延（J. J. M. de Groot）、家本善隆（Tsukamoto Zenryu）、马伯乐（Henri Maspero）、薛爱华（Edward Schafer）、布德（Derk Bodde）、赫利·克里尔（Herlee Creel）、杨庆堃和武雅士（Arthur Wolf），还有一些人类学家，正是站在他们的肩膀上，20世纪70年代我与汤普逊（Laurence Thompson）、尉迟酣（Holmes Welch）、吉瑞德（Norman Girardot）开始组织研究中国宗教的社团。我们也在美国宗教学会（AAR，the American Academy of Religion）和亚洲研究协会（AAS，the Association for Asian Studies）组织团队来研究中国宗教，以及在中国宗教研究社（SSCR，Society for the Study of Chinese Religion）平台出版通讯，它后来发展成为《中国宗教研究》杂志（*the Journal of Chinese Religions*），现在由印第安纳大学出版发行。

部分得益于上述的努力，同时也因为学术界对亚洲宗教文化的态度发生了改变。我很高兴地告诉大家，在北美、欧洲、中国台湾以及中国大陆，自20世纪80年代开始，中国宗教研究领域日益繁荣、前景光明。整个20世纪，日本一直都有规模不大但很稳定的对中国宗教研究的成果出版。在中国研究的其他领域，日本学者一向有不俗的表现。

在台湾的中国宗教研究，林美容编辑了非常有价值的书目，目前该书目的第三版正在编纂中。① 关于近年来在中国大陆的中国民间宗教研究，我写了一篇评论文章，近期会发表。② 有关以西方语言开展的研究，有兴趣者可以参考发表于1995年《亚洲研究杂志》（*the Journal of Asian Studies*）分为上下两部分的文章：《中国的宗教：田野研究的现状》（Chinese Religions：The State of the Field），该文是我与其他十位学者合作撰写的。需要补充的是，现在已有多个机构和研究单位在从事宗教研究，有些是中国台湾以及大陆的高校。

中国宗教研究最近几年开始受到越来越多的关注，这是一个令人兴奋的研究领域。处处发现可供研究的新材料，更有新的题目可推进研究工作。尽管中国学者曾长期忽视宗教的研究，这令人惋惜，但是这也使得学者们有机会去获得新发现。一个绝佳的例子是，台湾"清华大学"的王

---

① Lin Mei-rong（林美容），*A Bibliography of Taiwanese Folk Religion*，enlarged edition，Taipei，Taiwan：Academia Sinica，Institute of Ethnology，1997，in Chinese.

② Daniel L. Overmyer，"From 'Feudal Superstition' to 'Popular Beliefs'：New Directions in Mainland Chinese Studies of Chinese Popular Religion"，*Cahiers d' Extrême-Asie* 12（2001）：105-128.

秋桂教授和巴黎高等研究院（the École Pratique des Hautes Études）的劳格文（John Lagerwey）教授分头发起和组织两个大的田野调查项目。这些研究计划都是由王教授和劳格文教授聘请的中国大陆当地学者对地方性仪式和戏剧传统所做的调查。每个大项目都已有一系列的中文成果：王秋桂主编的《民俗曲艺》已经出版了共 80 册；劳格文主编的《客家传统社会丛书》（*Traditional Hakka Society*）至今已有 12 册出版，还有 4 册在编辑中。1998 年在香港举办过一次评论这一系列出版的研讨会。

迄今为止，我最重要的研究贡献是定义和澄清了中国民间宗教的教派，我的研究工作都是建立在其他学者研究基础之上，如高延、艾约瑟（Joseph Edkins）、冢本善隆、酒井忠夫、李世瑜、杨庆堃、戴玄之等。有关民间教派的研究，我已经出版了三本专著和若干篇文章，最近的一本书是关于 16—17 世纪中国民间教派的宝卷研究，出版于 1999 年。①

到了 1996 年，我的文献研究工作已大体完成，我受聘于香港中文大学从事教学和研究。幸运的是，我在那里遇到了劳格文，这位在法国工作的美国学者与中国学者合作，长期在中国东南部从事田野工作。我们成了朋友，我受邀同他以及另外两位合作者一起，到福建省北部的一个山村观察当地人的仪式并进行访谈。之前，我已经在台湾进行了民间宗教教派的田野调查。但是，这次福建乡村仪式考察之行仍然给我很多启发，从此以后，我更加热衷于田野调查。现在，我与两位中国同事在河北省所进行的农村民间信仰调查基本上是模仿劳格文在南方研究的方式。除了我们自己的观察和访谈之外，我们还组织四个地区的当地学者撰写本社区仪式传统和庙宇的报告。迄今为止，我们已经收到了 61 份调研报告。我们正在收集与编辑，并计划出版 4 册中文书。同时，我们也计划以英文编撰第 5 册书，总结和分析这些报告，包括我们自己的田野调查结果。所有这些都是该领域的新材料，之前的研究极少涉及。通过效仿劳格文在中国南方所做的研究，我们希望能够提供新的研究资料，来研究作为世界主要宗教传统之一的中国地方性宗教和民间信仰。这将成为未来几年我的工作重心。最终，我希望能够撰写有关中国地方宗教的综合性研究。

尽管我的博士论文采用了比较研究的视角，但我常常为自己彼时的研

① Daniel L. Overmyer, *Precious Volumes: An Introduction to Chinese Sectarian Scriptures from the Sixteenth and Seventeenth Centuries*, Harvard-Yenching Institute Monograph Series 49, Cambridge, Massachusetts: Harvard University Asia Center, 1999.

究并没有进行充分的比较而不安。我始终致力发现新的中文资料、完成教学和行政工作等情形，忙得不可开交。今天跟大家报告的主题代表了我的研究将从新的视角向比较研究的回归，即关注由普通民众践行的地方性仪式和信仰传统。几年前，我曾以一种谨慎的方式比较了中国神明和基督教的圣人，成果发表于1997年香港的《景风》杂志。[1] 现在，我正在台湾教授一门研究生研讨课——“民间宗教的比较研究”，通过教授这门课我也受益良多。我觉得跟大家分享一下宗教比较研究主题要比详细阐述中国北方民间宗教更为有趣。

我正在尝试采用比较宗教的新视角，关注不同文化中那些大多数普通民众的信仰和实践。史蒂芬·沙罗特（Stephen Sharot）已经在其新书《比较社会学视野下的世界宗教：大师、神父和民间宗教》（*A Comparative Sociology of World Religions*：*Virtuosos*，*Priests and Popular Religion*，New York：New York University Press，2001.）中开始将民间宗教纳入世界宗教比较研究。我发现该书过多纠缠于“民间宗教”的定义，尤其是纠结于“精英与大众”陈旧的议题中。我相信，比较明智的做法是先搁置这些陈旧、棘手的关于“精英与大众关系”的争论，取而代之的是直接观察与描述地方社区的民间信仰仪式。当我们如此做时，我们会发现几乎所有的社区成员，不分性别和社会地位，都共享同一种世界观，并期望参加那些表达其世界观的仪式活动。无论在中国的过去和现在、在欧洲近代初期、在印度以及其他许多国家或地区，这都是有事实根据的。当然，在当地肯定有一些知识分子不参加此类仪式活动，但大多数还是会出席的，尽管他们是以自己的方式来解释。这就是“地方性民间信仰传统”与“区域性或国家性宗教传统”的关系，这将成为今后研究的重要课题之一。但是，我们首先需要对普通民众的实践进行耐心的观察以及细致的描述，这样我们才能够理解行为背后的意义。

我用于比较的基础是，在中国地方社区中存在着共享的仪式和信仰传统，直到20世纪依然较好地存在着。地方性的民间信仰传统在中国可谓历史悠久，有些传统已绵延几个世纪，这为比较研究提供了有利的要素。因此，信仰实践是“日常生活中不可或缺的一部分”，正常的信仰行为是

---

① Daniel L. Overmyer，“Convergence：Chinese Gods and Christian Saints”，*Ching Feng*：*A Journal of Christianity and Chinese Religion and Culture* 40：3-4，September - December 1997，215-232.

无法脱离家庭、村落或社区的日常生活的。这便是我们所谓的“神圣与世俗相互杂糅融合于日常生活”。中国民间信仰仪式可提供的另一个有利的比较研究要素，就是“非教派性”（nonsectarian）。所有居住在该社区的人都要参与其中，领袖也是出自本地。他们不是志愿性团体，也不存在排他性的、针对为一个特定团体而形成的组织或针对某一特定群体的教义。这些仪式一般是由其家族的祖先们开创的。

当然，制度性宗教在中国长期存在，比如，道教和佛教，几个世纪以来佛道二教一直与乡村的仪式和信仰交互影响。这是因为早在教派性宗教之前，民间信仰就按照当地传统的世界观和老百姓的意愿形成了；而教派性宗教进入民间信仰的地盘时，其经典、教义和仪式等便不能不为了迎合民众的需求而发生“意义的转变”，即服务于“祈福驱邪”。所以，在地方性宗教内，每年的庙会上请道士来打醮；请和尚来念经以超度亡灵；圣僧和菩萨，比如观音，是当地的守护神；念《金刚经》以驱除恶魔。

以中国地方性宗教的非教派主义观点来看，其他文化传统中的教派主义、特别是基督教正统思想的“二元论本质”就显得非常明显。同时，中国人的多神崇拜和非二元论观点有助于观察其他文化背景中地方传统存在着类似情形，并持续地影响着民众的信仰生活。例如，基督教和伊斯兰教的民间圣人崇拜。正如我几年前写的：

> 众所周知，传统社会乃至在现代社会，普通民众祭拜的很多神都是由历史人物神化而来的，人们相信这些神有能力回应其各种祈求。而神明在治病、护佑社区、道德教化等方面显示灵验，故神以塑像的形式供奉在寺庙中，民众会到庙里来祭拜许愿、供奉神明、占卜算命等。众神主要对周边的地方社区之福祉负责，尽管对有些神灵的祭拜会辐射至整个地区。因为神灵原本是历史人物，民众相信他们对祈求帮助者遭遇的困境可以感同身受；他们被相信拥有超人的力量，故可以用神力去帮助民众解决困难和问题。神明们被常年供奉着，而一年一度的庙会则是整个社区的民众都会参与的敬神拜神的活动。
>
> 基督教传统在地中海以及欧洲的最初几个世纪，同样崇拜由当地神明所代表的类似象征物，神明曾经也是普通人、圣人。人们相信圣人也同情祈求者，并做到有求必应。神明的塑像供奉在神龛中，并如

> 同中国神明一样，在一年一度的节庆活动中，对圣人的崇拜受到激发；热闹的游行队伍中，人们抬着神像在整个社区巡游。尽管这些神灵和圣人来源迥异，在历史上其文化各不相属，到了中世纪（大约7至11世纪——作者注）相关的信仰和仪式显示出许多相似性。

尽管存在以上所言之差异，但到中世纪中国神明和基督教圣人之间已经发展出很多相似性：始于他们作为地方神圣支持者和保护者的平行角色，被塑成神像，安置于神龛中。人们相信供奉在神龛中的中国神明或基督教圣人及其神域，人们亲近他们，因为他们曾经是人类，而现今拥有超人能力。在那些信奉者看来，这些神像能够做到有求必应，有效地回应信众的祈祷、许愿，并能够在治疗、生育和驱邪方面显示奇迹。每天，人们给他们供奉香烛，而在每年的神（圣）诞日或忌日，都会组织大型社区祭祀活动祭拜神明或圣人，有着相似的活动内容，如绕境巡游、摆供品以及聚餐等。对那些许愿应验者，会以上供或进香的方式来还愿。无论是祭祀神明还是圣人，这些活动都由当地非神职人员组织，尽管道士或者神父也许会被邀请，但只是参与某些特定仪式。中文经卷赞扬神灵有求必应，而基督教徒在节庆中朗诵受难史（passio）——圣人的生平事迹。一方面，人们相信圣人和神明都能够惩罚罪恶、嘉奖良善；另一方面，一旦他们的庇佑失灵，也会受到仪式性的惩罚或者羞辱。①

在中世纪，叙利亚和埃及的伊斯兰教中，也有当地人希望去直接、亲自接近神力的表现。弗里德里克·丹尼（Frederick M. Denny）提供了这样几个例子：有的正统伊斯兰学者严厉斥责民众的圣人信仰，但是，在他们自己过世后，却受到民众的崇拜。其中一个例子是，生活于公元13至14世纪的伊本·天伊玛（Ibn Taim-ıya），因为狂热地追求“纯伊斯兰教”——不拜圣人——而闻名。无论如何，正如Denny记载的那样：

> 伊本·天伊玛人生的最大讽刺发生于他死后。大约20万男人和1.5万女性参加了在大马士革苏菲墓地为其举行的葬礼。人数不断增加，崇拜者们采用当地的习俗，扫墓以示悼念、恳求代祷，从其遗物

① Overmyer, “Convergence”, 215-216, 227-228.

获得神力。这位反对圣人崇拜的学者，成为他自己美德的受害者。①

因此，人们总会有他们自己的方式！

在各种不同的地方传统中，还有许多其他类似的作用的结构性因素：比如，存在于家庭和某些社区的社会基础、非神职领袖、在节庆活动中凑热闹的喜好；集中在某些特定地方，如神庙、山上、河水旁、岩石以及大古树；祈祷和仪式是为了寻求解决实际问题：驱病、生育、五谷丰登、消灾去难（如旱涝）、安抚死者灵魂等；相信神明、灵魂或鬼魂有超人力量会直接显灵。所有这些或者其他的类似主题都值得开展比较研究。从这类研究中，也许我们可以获得关于宗教实践基本模式的全新理解。

在“民间宗教比较研究”的课堂上，我告诉学生们，这是一个实验，前提是这里有足够多的基本模式，值得我们去调查以开展比较研究。迄今为止，我认为这个前提在研究传统社会是有效果的，与传统社会紧密结合的地方社区为仪式性实践提供了一个组织化的环境。在中国、印度、缅甸和日本等国的乡村情况大都如此。在伊斯兰教和罗马天主教中，为圣人崇拜提供了一种社会情景，正如圣人崇拜存在于墨西哥一样。在很多地区，前殖民时代传统的延续为圣人崇拜的遗存提供了支持。而部落宗教传统中人们对现实问题的关注也与之相类似，这也值得调查研究。如果我的假设是正确的，宗教比较研究就是一个重要的议题，因为我们今天所讨论的内容，对于全世界生活在不同文化中成千上万的人们而言，恰恰是其宗教实践的主要内容。

于我而言，困难在于观察这个假设是否在现代北美也有解释效果，除了印第安人外，北美宗教传统在形式上完全是教派性的，即使是那些并不直接来自基督教的新兴宗教（new ones）。作为志愿性团体，原则上教派组织并不被限制于特定社区。地方教会、公民团体以及民间宗教是否为这类以地方为中心的信仰活动提供社会情景？而此类信仰活动在其他地方被称为民间信仰 。对于普通信仰者而言，五旬节派的神灵附体、会众治疗，是否和其他地方性灵媒传统相似？当基督徒为某些具体事情祈祷——如身

① Frederick M. Denny, “God's Friends: the Sanctity of Persons in Islam”, in Richard D. Kieckhefer and George D. Bond, eds., *Sainthood: Its Manifestations in World Religions*, Berkeley: University of California Press, 1988, 77.

体康复、旅途平安、生意兴隆，这种做法与其他传统信仰的祈祷有何不同？耶稣圣像或基督教的保险杠贴纸是否可以被理解为护身符？我们知道，《圣经》可以被用于占卜，那么是否有类似于神像的功能？历史背景或许已经发生了改变，但是一些旧有的做法依然故我，或者，是不是因为我沉浸于中国宗教研究太久了？我所涉猎的材料，来自彼得·威廉姆斯（Peter Williams）、查尔斯·里皮（Charles Lippy）、罗伯特·埃尔伍德（Robert Ellwood）和哈利·帕田（Harry Partin）等学者的研究。其中，科伦·麦当奈尔（Colleen McDonnell）的《物质的基督教——美国的宗教和民间文化》（*Material Christianity: Religion and Popular Culture in America*, New Haven: Yale University Press, 1995.）对我启发良多。我所关心的是，是否存在着实践性宗教的普遍模式，这种模式也应该显现于北美，但是我尚不清楚如何来澄清此模式的存在。欢迎对此评论或提出建议。

重拾回儒精神，推动回族传统文化建设

陈　明　马翰尧

受访人：陈明，汉族，湖南长沙人，1962 年生，首都师范大学哲学系教授、儒教文化中心主任，原道书院创办人，儒学期刊《原道》主编。中国当代新儒家的代表人物之一——在中国当代新儒家中素有“南蒋庆，北陈明”之说。著有《儒学的历史文化功能》《儒者之维》《文化儒学》《儒教与公民社会》等。

采访人：马翰尧，回族，1984 年生，新媒体平台“端庄文艺”创办人，全国首家回儒书院“端庄书院”创办人，回儒文化研究者、推广者，当代“新回儒对话”发起人。

马翰尧：在开发传统文化方面，很多人付诸实践，比如您也创办了“原道书院”。最近十年，国内儒学发展出现了波澜壮阔的气象，从书院、祭孔等活动来看，儒学确实发展得很恢宏、很蓬勃。但与此同时，媒体对儒学的报道立场，以及知识分子对这样一些与儒家相关新闻的评论，有时又是持批判立场的。您怎样看待这样一个现象？儒学真的迎来黄金发展期了吗？

陈明：近 20 年来，儒学确实存在感比较强，主要表现在：教育层面开始读经，政治层面开始强调对传统文化的认同，学术层面开始探索儒家思想的解读新范式，以及其与生活和生命连接的新形式。但我不认为这就可以叫作儒学发展的黄金期。思想的大发展既与历史大问题的出现相关，也与对这些问题的解决不设任何外在局限相关。可能性已经显现，但究竟是真的发展还是虚的泡沫，乐观悲观我可以说是一半一半。至于媒体的报道和一些知识分子的评论表现出批判的倾向，我觉得非常正常。一方面现代社会本就多元，另一方面由于“五四”思潮的惯性依然强大。儒家在政治哲学上倾向于建设和秩序，属于所谓保守主义，这在历史和现实中都难免成为批判话语的对象。当然，儒家传统本身在巨大的时代变迁中也尚未完成相应的自我清理和更新，也是被说三道四的原因。这都说不上是坏事，甚至也不是很重要。大家都是在路上，要走的路还很长。

马翰尧：2015 年 11 月，端庄书院在北京成立，我们以回儒精神为根基，谋求以中国传统文化为本位，以期回儒思想在现代乃至未来中国能有一个大的发展，您怎么看这个现象？

陈明：太好了！太有必要了！中国是一个多族群国家，过去叫帝国，现在叫共和国。它的稳定和发展需要族群关系的和谐，需要有超出族群（ethnic groups）的国族（nation）之建构成型。以前我们主要是靠意识形态来进行整合凝聚，现在它的能量下降，而市场化、全球化在使得经济互动、信息交流提升的同时，各种差别矛盾也被激活激化。国际的不说，国内的分离主义和恐怖主义活动也可以从这一视角理解把握，即在政治经济的问题之外，文化也是一个重要因素。文化认同虽然不等于政治认同，但却对政治认同有着重要影响。当局似乎意识到了这个问题，所谓“大陆新儒家”，从某种意义上说，也正是在对这些问题的关注中形成了自己的论域和特征。我也愿意从同样的角度来看端庄书院的成立，希望回儒精神在你们手中得到传承，并取得更大更重要的成就。

马翰尧：您是从何时起开始关注明清回儒的思想的？您如何评价明清回儒的思想史意义？

陈明：说实话，我是在读了你给我的采访邮件之后才开始关注明清回儒思想的。以前在中国社会科学院世界宗教所工作，知道金宜久老师他们研究刘智，但只是当成思想史范围内的一种理论而已，没有从宗教对话、文化整合、国家国族建构这样一种历史的、社会的、政治的角度解读评估其意义价值——现在我仍然所知甚少。目前，世界上“文明冲突论”向现实演变、IS 巨浪滔天，恐怖袭击不断，国内，习近平主席提出了中华民族伟大复兴的“中国梦”，对这个问题论域的意义与重要性，我有了全新的理解。

回族规模的扩大应该在元朝，与成吉思汗家族军事上的胜利有关。元朝有等级制，但历史很短，明清时期回儒就出现了。可见这是一种与政治的、社会的、文化的融合过程相伴随的思想潮流。这应该又与他们“大散居小聚居”的居住形态相联系。大散居，决定了必然与大环境维持某种协调，在文化价值、政治认同方面做出选择；小聚居，决定了内部必然维持某种连续性，即维护伊斯兰教的核心理念。回儒的基本特征应该是：一是以汉语文布道宣教，二是“以儒诠经”。从内部来说，这可以解决许多的问题，如母语遗忘，如理论紧张等；从外部来说，则开启了文化整合、认同国家的方向选择。

从我个人角度看，这一过程不仅政治正确，而且理论意义也十分巨大。这里我想说的是，儒教也是有自己的信仰体系的，如《诗经》中的“昊天上帝”以及后来的“天地君亲师”。王岱舆、刘智他们在会通回与儒的时候，提出了“真宰”的问题。在我看来，这对程朱理学以太极代天和“太极一理”的命题主张是一种挑战和否定。对于儒学儒教本身的反思和发展是极有意义的。相对于清代“以礼代理”的反思，那种所谓回归汉学的取向完全不同，引向了三代、孔子，引向了汉代的董仲舒——汉学在一般的意义上说，其代表应该是董仲舒，而不是郑玄，他们一个讨论天讨论制度讨论整合，一个关注章句训诂，不在一个数量级上。其实，《尚书》《诗经》《周礼》中的“礼”其主要属性均是在宗教和政治上，有种政教合一的味道。今天我们重提儒教论，超越四书，回归五经，应该可以从回儒诸贤的这些论述里获得许多的启迪。

马翰尧：“认主独一”是伊斯兰的核心理念，而通常人们对儒家学说的印象是“敬鬼神而远之”或者是“子不语怪力乱神”。但是，回儒集大成者刘智却说“天方之经大同于孔孟之旨”。您是如何看待这种表面上的对立，以及刘智的阐述？

陈明：这里是不冲突的。鬼神和怪力乱神，与主不是一个层次的存在。怪力乱神是巫术意义上的东西；鬼神跟生化论和灵魂观念结合在一起。这些虽然复杂，但理论上并不是特别难以分疏。真正紧张的是主与天，它们位格相应，有诸神之争的意味，但也没到真主与基督教的上帝那样的程度。儒教不是一神教，“天”的所谓人格性不强，不是某种部落神或祖先神的绝对化，没有谁可以独占，各个部落的祖先都可以与之相配，“在帝左右”。孔子说“天何言哉？四时行焉，百物生焉”，是以“行与事”示之于人。这表明儒教的“天”比较开放包容。也许正是因此，回儒对“诸神之争”并不感到特别紧张，而是特别强调天的生化意义，以表明回教与儒教理论一样。这说明当时的时代氛围不错。他们是幸运的，也是正确的，所谓的诸神之争，其实根本上是来自现实政治经济上的纠纷。宗教理论形态的相同相异，不仅正常，也可以化解，付之两行也无不可。

史称刘智“谒孔林，心忾然有所感，遂辞而归。盖至是而涉猎之富，登览之远，足以尊所闻而副所志矣。”多么愉快！多么美好！我特别喜欢他的这段话：“今夫见草木之偃仰，而知有风；睹缘翠之萌动，而知有春；视己身之灵明，而知有性；参天地之造化，而知有主，必然之理也。”

马翰尧：回儒的思想谱系肇始于明朝中后期，而盛于清初。在差不多同一时期，天主教耶稣会进入中国，代表人物利玛窦同样采取“以儒释耶”“以耶补儒”的方式来会通天主教和儒家文化。以天主教的经验作为参照，您认为，回儒与利玛窦的思想范式，是否在形式类似的表面下存在着什么不同？

陈明：用徐光启、李之藻这些本土知识分子来与回儒对照应该才更合适。利玛窦是传教士，是带着“猎头”使命来华的，“利玛窦规矩”手段柔和，但目标却仍是“以耶化儒”“以耶化华”，是要使“中华归主”。这怎么能够跟“以儒释经”“以回补儒”的回儒相提并论呢？今天的情况更加不同了。一个跟耶稣会关系密切的朋友跟我说，它们现在对新教在国内的传播势头和方式也有点不能理解。当然，伊斯兰教中的有些思潮在国内也表现出强劲影响，并且与政治势力结合勾连，这些是需要方方面面共同关注的。中华民族是一个近代概念，在建构的进程中，文化是一个重要维度。现在提外来宗教的中国化，我认为就与此密切相关。仔细品味，中国化与在地化是存在巨大差别的：在地化是指外来宗教采取当地合适的形式进入；中国化则是要化入中国，化于中国，成为中国的一部分。我觉得刘智、徐光启他们的工作可以从中国化的角度理解——是要“补儒”，使传统的文化系统更加丰富丰盈，而利玛窦的工作则需要从在地化去定位——他们是要“化儒”，将儒家文化系统纳入他们的宗教系统评估处理。今天，中国的基督徒和穆斯林应该充分意识到这二者之间的区别，从徐光启、刘智他们身上学到一些东西。徐光启的贡献主要在科学技术上，这很好理解接受，刘智的贡献在文化思想的融通整合上，这一点现在特别重要，需要好好琢磨思考！

马翰尧：我们知道，“回儒对话”这个命题真正进入国际视野，得益于新儒家代表杜维明先生，当时引起世界瞩目。在“文明对话”框架下的伊斯兰教与儒家关系以及“回儒”群体的研究，多少修正了“影响—接受”模式下那种文化流动的单一方向，使得两种文化以平等的身份进入彼此的视野。作为大陆新儒家的代表人物，您是否对这一路径有相应的思考，它的前景如何？

陈明：杜先生是在全球宗教对话的潮流中涉及这个问题的。那是一个国家和国家之间、文明圈和文明圈之间的对话，比较高大上，但内容却有点空洞轻飘。“影响—接受”或“冲击—反应”模式，是暗含着西方中心主义和单线进化论理论预设的历史哲学的，是近代以来西方处理基督教文明与非基督教文明间关系的思想范式。我十几年前就曾提出质疑。现在也必须指出，这与一个政治共同体内的文化建设及其所包含的文化认同、政治认同诸问题是没什么关系的。就是说，搁这里讨论有点跑题。回儒对话承接的是刘智、王岱舆的传统，这是一个国家内部不同族群间的文化理解，一个国家内部的文化系统的建构整合的问题。在今天，需要放在“中华民族”概念以及国家建构和国族建构的问题脉络里来定位。我想说的是，虽然现代社会政教分离，个人的信仰选择是私人领域的问题，但是，私人领域的问题也是具有扩散性而溢出外化为公共领域问题的。正是因为这一点，大陆新儒家才表现出与现代新儒家或港台新儒家不同的问题意识和思考范式，才可以对王岱舆、刘智的工作做出新的阐释和评价。

马翰尧：我们知道，回儒不否认伊斯兰教与儒家学说的不同之处，回儒先贤认为儒学只重现世，缺乏“先天原始”和“后天归复”的思想。回儒除了“以儒释经”外，另一个重要工作是“以回补儒”，其目的在于完善儒家学说，接通“先天”与“后天”，最终安顿人的生死问题。您对此作何评价？

陈明：我从这里得到一些启发。“先天原始”和“后天复归”的问题，基于“六合之外，圣人存而不论”的谨慎，文献不多，但逻辑基础我认为还是很坚实的，只是缺乏阐释，而论述的方式可能与基督教、伊斯兰教或佛教不太一样。我现在正在做这方面的工作。当然，生死问题则确实是一大短板，我也很困惑。

马翰尧：忠孝本是儒家核心范畴，阿拉伯文并无应对概念，但有近似伦理，先贤王岱舆所提出的新概念：“真忠”“至孝”：既忠于真主，又忠于国君（国家）；既要孝敬真主，也要孝敬父母双亲。这种二元忠孝观，成为古今回族穆斯林的伦理核心，也成为当代回族穆斯林国家认同的重要基础。您觉得这个观点能否“以回补儒”，对当代儒家的复兴有何启示？

陈明：这应该是“以儒补回”吧？我想听听你思考出来什么启示呢？

马翰尧：明清回儒思想的终极目的是彰显伊斯兰传统的优越性，但对开创“中伊传统之对话”，促进伊斯兰教在中国之本土化，影响深巨，值得深入探讨。请问，明清回儒所尝试建构的“中伊传统之对话”，对当代东西文明的对话（或冲突）具有何种时代意义？

陈明：彰显伊斯兰传统的优越性是没有问题的，因为每个人都会认为自己所选择的生命问题解决方案具有最高的优越性。但是，“以儒释经”“以回补儒”的回儒思潮本身的目标，所促进的是回与儒的对话融通，是两种文化自身的丰富充实，是中国社会政治有序性和和谐度的提升。我想这也是王岱舆、刘智他们真正要解决的问题、真正要实现的目标。你这里“中伊传统之对话”一语有点含混，“中”是国家概念，“伊”是宗教名称，并且当时也不只是一个对话的问题。这些，我们可以在今后的书院对话、会讲中去讨论。

马翰尧：拜先贤所赐，伊斯兰教与以儒学为主体的中国传统文化融合互补，形成的中国伊斯兰教文化，已成为中华文化的重要组成部分。而今天重提“伊斯兰教中国化”是因为深感伊斯兰教“中国化”出现了一些问题，在您看来，明清回儒的文化遗产，能否弥合人们对当代中国伊斯兰教发展的困惑与裂痕？

陈明：你说得对，重提外来宗教的中国化问题是因为基督教和伊斯兰教进入中国上千年了，但中国化显然不如佛教做得成功。这里面的原因非常复杂，有教义的问题，有环境的问题，我觉得很重要的一点就是，佛教在其母国已经趋于式微，而基督教的后面则是现代化最早最成功的西方，伊斯兰教则具有政教合一的性质，与特定的族群结合在一起，而境外的伊斯兰地区在种种因缘际会下极端主义发酵，这就使得宗教的问题附着了大量的政治元素，使得问题超出了单纯文化的范畴，变得更加复杂难解。

马翰尧：所谓“道不虚行，待乎其人”。明清回儒作为一个历史群体出现，最后由刘智集其大成。人们通常评价刘智，说在他手里，伊斯兰哲学完成了由阿拉伯源文化到中国儒家本土文化的转型，形成了有中国特色的伊斯兰教神学思想体系。他本人也被后世赞誉为“圣教功臣”，在他之后涌现了一大批回儒知识分子，在今天的历史条件下，我们是否可以期待一个“新回儒群体”的出现？这个“新回儒群体”，面对的历史问题是什么？要完成什么历史任务？

陈明：明清回儒的发心和执念都是不错的，理论成就也不低。但是，当时这些政治元素或问题的政治属性并未凸显，所以，今天我们在承接赓续这一思路的同时，还要面对新情况处理新问题。我甚至希望，在今天的中国能够产生出属于伊斯兰教的宗教改革家，在解决中国的穆斯林与中国社会文化的有机整合的同时，为世界穆斯林实现与现代社会的有机融合提供借鉴和启发。虽然这有点太过乐观，但我想这是应该努力的方向，并且我认为主动比被动好。

马翰尧：关于明清回儒的思想范式，通常的说法是“以儒释经”“以回补儒”，您站在儒家立场上如何评价回儒的思想范式？在今天的状况下，回儒的思想范式对我们有何启发意义？

陈明：我不知道这样概括是否完全允当。如果真是这么回事，我想是很好的。“以儒释经”和“以回补儒”这八个字，我看到的是回儒对儒教作为主体文化的地位的尊重和接受，对整个中华文化建设的自觉和责任承担。这跟徐光启、李之藻等人“以耶补儒”的初衷、目标是一样的，带来的成果和影响也是相当积极有意义的。只是徐光启他们的事业一直有延续，回儒却似乎有点后继乏人。“以回补儒”也有积极意义，作为对儒教问题一直关注的学者，我就从刘、王的作品中受益匪浅。

今天终于有人出来，赓续这一传统，我觉得这八个字还是值得坚持。本土化不是化为尘土，而是作为种子在这块土地上开出新花。开出新花也有两个层面的意义，一是作为整体的中华文化结构之一部分做出自己的贡献，二是对伊斯兰教传统本身也应开出新局。社会变迁那么大，当今中国伊斯兰教界却没有什么重要的思想家站出来做出应对调整。当代新回儒的处境有所不同，是否能够有所作为呢？我觉得应该有气魄和担当去想一想。

佛教进入中土，在唐代形成“以儒治世、以道治身、以佛治心”的三教合一格局，三者之间虽然存在边界，但整体上就是一个文化系统。回，还有耶，在中国也已经存在千年，为什么就不可以整合成一个新的更大、更有活力的文化结构服务于我们（中华民族）呢？当然，这里的原因很复杂，但我想，今天的基督徒、回教徒以及儒教徒，应该也能够形成这样的共识，去实现这样的目标。

家国之间：旅欧华人移民的基督教与商业生活①

曹南来*

宗教在21世纪的全球文化发展中扮演着重要的公共角色，在海外华人社会中迁移与宗教的联系尤为紧密。长期以来以西方基督教为中心和范本的移民宗教研究，将基督教视为现代化和西方化的媒介与载体，聚焦于跨国移民到西方世界的中国人是如何通过宗教来实现向西方文化同化和达致社会阶层向上流动的，而相对忽略移民信徒自身的主体性与意义建构。这些研究显然是把中国移民的体验与故事放在一个西方为中心的知识生产框架下，把中国移民视为西方文化知识的接受者与认知客体。然而，自20世纪末到21世纪初，随着中国移民政策的宽松，以及中国在全球舞台上跃升为愈益重要的政治经济力量，中国人、中国制造、中国的文化生产与消费、中国的资本以及意识形态都以惊人的速度进入到世界体系中。中国海外移民现象呈现着移出、回流、多重迁移并存等多样性和多向性特征，中国不再只是地缘政治上的一个独立有形的概念，而其作为一个历史文化现象已经超越了民族国家的疆界，在全球范围内影响着不同国家、不同地方的社区生活、文化发展、政治形式、经济与消费等多重社会场域。我们有必要将华人宗教的故事放置在当代中国全球化的进程中，并围绕“中国的崛起”这一国际话语进行考察，尤其是通过移民基督教的视角探讨涉及中国人在海外的移民经济、国族认同、公民身份、文化同化等广受

---

① 本文系国家社科基金重点项目“旅欧中国移民基督教研究”（编号14AZJ004）的阶段性成果。该研究受益于萧盈盈在法国提供的访谈资料与林黎君在意大利进行的田野调查，在此一并致谢。文中的错漏皆由笔者负责。

* 曹南来，中国人民大学哲学院副教授，宗教学教研室主任，佛教与宗教学理论研究所专职研究员。

关注的议题。

事实上，不同于基督教文化主导下的北美社会，在高度世俗化的欧洲大陆，信仰基督教不仅不会带给移民文化特权的地位，反而使移民基督教群体处在主流社会文化的边缘。因此，需要关注的恰恰是中国本土化基督教是如何跨国迁移至世俗化的欧洲并扎根其中的过程。法国和意大利都是当代欧洲宗教世俗化的代表。法国是世俗化的一个相对极端的例子，拥有众多的无宗教信仰人口并强调公众有不信仰的自由，意大利虽有大量名义上的天主教徒，但多呈现出宗教私人化与非组织化状态。近年来在这两国都出现了大量以浙江温州人为主体的华人基督（新）教组织。与全世界做生意的温州人作为中国改革开放后最早走出国门的华商群体之一，已经成为中国经济全球化的一个标志。据温州市侨办几年前统计，90%的温州华侨侨居欧洲，主要集中在意大利的普拉托和米兰、法国的巴黎、荷兰的阿姆斯特丹和海牙，以及德国的法兰克福。① 今天的温商在某种程度上扮演着跨国界的中国海外经贸代理人角色，他们以费孝通先生所概括的“小商品，大市场”和“家庭生产”为特征的“温州模式”②，通过民间自发的、几乎无孔不入的商品流通网络，不断在全球拓展着中国的商业版图。这一在全球范围内活跃的温州人经济，促成了海外华人商城经济的发展与扩张，同时也影响和形塑了华人社区的宗教信仰与组织形式。

一 欧洲华人基督教的家国情怀

法国的华人教会主要以温州移民为主，并聚集于巴黎这个商业贸易中心。笔者实地统计，在大巴黎地区约有 20 家以温州移民为主的华人教会，信徒人数上万。他们中的大部分在国内已经是基督徒，为了实现致富梦而来到法国这一世界时尚之国，从事小商品零售和批发贸易。意大利的华人教会以温州人和青田人为主，有三四万华人基督徒，并发展出了 70 多个华人基督教会，在欧洲居于榜首。这些移民与法国的温州移民一样，大多在中国时就已经接受了基督信仰。华人基督教在一个渐渐世俗化的欧洲有

---

① 李中：《投资移民潮的温州样本》，《经济参考报》2010 年 12 月 13 日。

② 费孝通：《小商品·大市场》，《浙江学刊》1986 年第 3 期。

如此显著的发展，与其依靠家国纽带的发展模式密切相关。

旅欧华人教会是以个体华商家庭为单位进行发展的移民组织，也常以家户为单位计算教会规模。这个“家”是具有现实社会经济功能和民间社会动员能力的，是嵌入在一个以华人商城经济为依托的跨国网络上的诸多坚实节点，而并不只是一个流离失所者急需栖身的“家”的隐喻。这一点也决定了它的全球适应性，与温州人“四海为家”的创业精神相辅相成。华人教会网络往往随着人员的迁移和个体商业的扩张，遍及多个欧盟国家。华人移民教会与海外华商自发建立的众多商会和联谊组织一样，都表达了中国人特有的家国文化认同，也倾向于拟家族化发展以及强化自身与国家的情感和制度纽带。但华人移民教会往往较这些商会和联谊组织更具社会公共性。温州人教会在欧洲所获得的房产资源都属于华人社区的公共资产。尤其当部分温州移民因为尚未取得合法居留权时，华人教会成为他们在海外唯一可以自由参与的、存在于家与国之间的最大的社会公共机构，为他们提供形成意见和观点以及进行公开讨论和象征参与的公共空间。这种海外温州基督教的公共性和地方文化嵌入性使其能够在当地社区事务中扮演十分重要的角色，形塑社区的信仰和价值观，而教会领袖和积极分子则充当了地方精英的角色，在侨界和社区具有很大的影响力和声望。

在欧洲华人圈中，移民宗教组织的领袖因其能够掌控、调动大量的社会经济和人力资源，热心于国内慈善事业，并致力于与中国使领馆等驻外机构建立积极联系，而成为实际意义上的“侨领”。在2008年四川汶川大地震后的救灾活动中，一些华人教会领袖组织教会将募得的善款由中国使馆转交给灾区，这在一定程度上反映了海外侨领希望获得中国官方认可的心理，他们与国内保持着紧密的情感、社会与经济纽带。这类宗教侨领往往是居法多年、有一定社会经济实力并且在移民圈中德高望重的华侨；在移民对当地社会的适应与融合方面扮演了重要的代理人角色，并对以中国为原点、华人商城经济为依托的华人教会网络的形成与运转，以及海外中国宗教的传播路线与方式起着决定性影响。

对于大多数中国移民来说，欧洲是一个经商的地方，家和情感的归属依然在中国。华人基督徒也一样，他们非常注意巩固自身独立于欧洲主流社会的空间，强调对家国文化的认同，宣扬与《圣经》相契合的中国传统价值观。如孝敬父母，即作为儒家思想的一部分，也与《圣经》的教导相符。他们在欧洲热衷购买教会聚会用的场所，就是为了在异乡拥有属灵的“家”。虽然处于欧洲社会的文化边缘，他们却一直带有一份从原生文化和信仰而来的自信，与当地主流文化与信仰保持一定的距离。教堂这个“家”为华人基督徒提供了情感上、灵性上的归属，也让本来就处在欧洲社会边缘的他们生活在一个安全温暖的移民社会空间中。信仰身份的认同和对宗教社群的委身在此社会空间中得到加强。受教育水平低和语言不通的状况限制了很多第一代华人移民的生活半径。与非基督徒华人相比，诗班练习、祷告会、查经班、团契聚会、主日聚会、基督教节日聚会等教会活动占据了华人基督徒大部分的业余时间。通过这些活动，教会为华人基督徒创造了必要的社会公共空间。更重要的是，遍布欧洲的基督教会网络，使他们拥有较大的流动的社会空间。即使华人移民的经济流动性使得他们中的一些人会举家在城市间迁移，属灵的教会之“家”却没有变。常规化的教会活动和不断重复的宗教性仪式，加强了华人基督徒对此社群的归属感和认同感，也满足了华人基督徒在海外对社会参与的需要。

一个高度中国本土化的基督教能否为中国侨乡和海外侨民社会提供一种适应全球变迁的价值观，这是人们十分关注的问题，也是一个需要通过实证研究进行检验的学术议题。近来我国开展的基督教中国化运动为海外中国基督教的发展提供了一个较早期“三自爱国”运动更富有包容性与民族性的新语境。随着中国在国际政治经济格局中的地位跃升，中国的基督徒，尤其是从事全球商业的商人信徒群体在扎根异域努力在海外创业的同时，越发强调中国要在全球发展中扮演更为积极的角色。中国基督教随华人移民输出到海外，这既是一个中国基督教全球化的例子，同时也赋予基督教中国化以新的含义。正是在中国经济全球化的大背景下，旅欧华人基督教融合了个体华商的家、教会属灵的家与中华民族的大家庭，从而凸显了华商的家国情怀，这与以“同化”为主要进路的美国式移民宗教构成鲜明对比。

有关华人移民基督教的研究往往关注在西方世界中华人对这一主流强势宗教的皈信。当中国在全球扮演着越来越重要的角色时，却少有学者关注华人移民如何将他们的基督信仰从中国带到西方的现象。本文聚焦一批在中国本土及欧洲（主要是法国）建立教会团体的华商信徒，研究华人教会对世俗化欧洲的态度及其宗教实践的情况，对于理解全球化背景下宗教与现代性的关系具有重要理论意义。

现有的海外华人基督教的研究大多以华人的皈依行为为分析的对象，探讨其带来的社会变迁以及在个体身份认同与行为上的转变。例如，Fenggang Yang（杨凤岗）提出北美华人移民基督徒展示了一种“叠合认同”（adhesive identities），即移民个体可以视情境的不同而不断调节中国人、美国人和基督徒三重身份认同之间的差异和张力，以达到实现向上的社会流动。① Carolyn Chen 则认为南加州的台湾移民是通过“成为信徒”（becoming religious）这一文化手段来强化自己“成为美国人”，而融入美国社会的同时也意味着他们的宗教认同与委身感较之移民前有所加深。② 此类研究多以美国的民族宗教群体为分析对象，并预设了“同化”为其发展演进的常态轨道。本文结合笔者在欧洲华人群体中的田野调查与访谈，将对华人移民基督教这一欧洲新兴的移民宗教现象进行比较性探讨，展示一个宗教发展、移民适应与经济全球化相互关联的新型模式。

二　法国温州华人基督教的个案③

温州的边缘政治地理位置不仅有利于历史上活跃于沿海地区的西方传教运动，同时也成就了改革开放后本土化基督教与移民商业的蓬勃发展。④ 旅法的温州移民主要聚居于巴黎，人口至少有 13 万。⑤ 几乎没有温州人是为了纯粹的宗教原因而移民到欧洲，他们中的大部分在国内已经是基督徒，为了实现致富梦而来到法国这一世界时尚之国从事小商品零售和批发贸易。巴黎有三条著名的“温州街”，分别在庙街、美丽城和伏尔泰

① Fenggang Yang, *Chinese Christians in America*, Temple: Pennsylvania State University Press, 1999.

② Carolyn Chen, *Getting Saved in America: Taiwanese Immigration and Religious Experience*, New Jersey: Princeton University Press, 2008.

③ 本节内容以笔者另一论文为基础写作，见曹南来《旅法华人移民基督教：叠合网络与社群委身》，《社会学研究》2016 年 3 期。

④ Nanlai Cao, *Constructing China's Jerusalem: Christians, Power, and Place in Contemporary Wenzhou*. Stanford: Stanford University Press, 2011（中文版《建设中国的耶路撒冷：基督教与城市现代性变迁》，香港大学出版社 2013 年版）。

⑤ 王春光、Jean Philippe Béja：《温州人在巴黎：一种独特的社会融入模式》，《中国社会科学》1999 年第 6 期。

街。那里，温州人经营的皮具、首饰与旅游纪念品商店林立。巴黎温州移民社区内最大的一个群体来自温州郊区的丽岙镇——著名的侨乡。在20世纪80年代中期，越来越多的温州人从丽岙移居到巴黎市区，一个温州传道人将这一跨国人口流动描述为“把温州的一个村搬到了法国”。只有极少数人是从温州的主城区移民过来的，这就注定了移民经历的城乡与中西的双重文化过渡将是曲折坎坷的。

移民是一个高度选择性的社会过程，特别是当人们由于经济驱动而非法跨越边境时。宗教为其信仰者或潜在信仰者于颠沛流离中获得情感与身份的安顿。巴黎的温州人大部分是中年人。他们是于20世纪中国改革开放初期到达法国的那一代温州移民，都有积攒第一桶金和建立家族生意的强烈愿望。他们中的不少人支付给蛇头约15万—20万人民币偷渡到巴黎。那些基督徒也同样采取这样的方式，但他们在讲述自己的移民故事时常常会强调“人往高处走”的人类天性而低调处理偷渡的非法性。对一部分基督徒而言，前往巴黎途中所经历的艰难与遭遇的苦难增强了他们的信仰，并成为他们依靠和寻求上帝的见证。在大部分人眼中，移民通过解放年轻人的商业精神而造福了那些处于移民输出社会中的家庭，因此值得鼓励。而在另一方面，一些温州移民教会的领袖也很自然地表达了他们对法国悠闲生活方式的不满与震惊，这包括法国的低结婚率、女性吸烟现象、年轻人的消费欲望，以及他们没有做“老板”的梦想。这种极强的企业家精神造就了强调竞争性的旅法华人基督教发展形式。

移民基督教塑造了信徒在面对非法身份、道德权变、原籍忠诚及国族归属等问题时所持的态度及处理方式。这些移民的温州基督徒在一个陌生的社会空间中采取了一种宗教意义框架来支持他们的商业社会运作。旅法温州移民教会与西方教会或其他海外华人基督教社群不同的是，他们坚持自治原则，并不与法国本地教会交往，与温州家乡的教会组织保持紧密联系，这与在欧洲的温州移民群体的家族式商业运作方式相似。例如，这些温州移民教会会定期邀请温州传道人在欧洲用温州方言讲道和主持教会活动，并支付他们差旅费用。巴黎最大的温州移民教会“巴黎温州教会”有1000多位受洗信徒，曾为家乡温州的神学培训提供资金支援。这个移民教会甚至还制订了一条相关规则，即一旦收到任何温州教会要求资金援助建设教堂的吁求，他们就会立刻捐献1500欧元。任何教会的生存发展都要依靠教产作为经济支撑，温州基督教侨商的奉献更成为联结跨国宗教坚实的经济纽带。旅法温商正是凭借海外商业网络对宗教空间的投资、经营奠定了华商移民基督教在欧洲扎根、生长的基础。巴黎较大的温州教会团体都已经或者已计划购置他们自己的聚会场所。对于温州信徒来说，拥有教产就好像在巴黎拥有一个物质与属灵的家园。跨地域温州教会空间的增长使世界各地的温州基督徒的声誉都得到显著提升。

巴黎温州移民总人口中的基督徒比例仍未可知。笔者估计巴黎温州籍华人中有10%—20%是基督徒，这与温州本土的基督徒比例基本持平。大多数温州移民是通过不同途径非法进入法国的。[①] 基督信仰对于移民方式的选择——无论是以合法还是非法的方式——几乎没有影响。事实上，移民和迁移的经验往往会生成或加强个人的宗教委身度。有一些温州移民会进行长达数月横跨亚欧大陆的危险旅行，偷渡来法，他们皈信基督教以寻求或感谢上帝保佑他们旅途平安。华商移民基督徒除了引用基督教为非法移民辩解，还会以奉献上帝的名义为灰色财富“正名”。

温州基督徒的宗教热诚往往与他们的商业企图心交织在一起。正如温州商人对房地产投资充满热情一样，温州基督徒极为强调对教产的获得。这种对扩大跨国教产的激情与中国文化中对“面子”的强调有一定关系。虽然在巴黎对没有融入法国主流宗教宗派体系的移民宗教而言，只能注册为协会（协会财产是公共财产，协会成员不可以私用），无法享受宗教组织的优惠政策，但是以温州人为主的巴黎华人教会基本上已经购置了房产或正在准备办理各项购置手续。惯常的解释是：华人的传统观念还是要买一个自己的房子，因为这才会有家的感觉。对于教会也是一样。而谁的教会空间大，谁就更有面子。可以说，教会这个“家”既是灵性的、情感上的，同时也是经济的和社会空间上的单位。

随着巴黎房价的不断上涨，使得本身具有投资者心态的温州基督徒们更希望尽快在此获得一份温州人群体自己独立掌控的教产。购买教会房产的资金都来自信徒的奉献。巴黎最大的温州人教会每周可以收到几千甚至上万欧元的奉献。这种主日奉献往往以现金为主，大量现金的流动在金融监管十分严格的法国是很罕见的。大部分现金来自温州人所从事的非正式经济（可能存在偷漏税现象）。教会奉献以现金为主，很少看到支票形式的奉献。在教会每周出版的简讯中经常可以看到上周出席会众所奉献的数

① 赵晔琴：《巴黎非法移民调查》，《南风窗》2006年第15期。

额，一般会把现金与支票分为两个类别进行计数，而前者往往是后者的上百倍。而这一状况与法国政府对移民经济的严格管制（尤其是资金转移的限制）有关。

在都市宗教的发展中，神圣与世俗的社会空间界限往往是模糊不清、需要不断地进行重新界定。当为了建堂或购买新的堂点急需大量资金时，巴黎的温州人教会往往会举办所谓特会并结合主日晨更祷告会宣传异象凝聚人心，号召大家先认捐或认献，然后分期付款，其形式类似民间集资的“招会”。一位来自温州丽岙的传道人提到他们的教会眼下正准备购买巴黎一处房产，实际可能需要 30 万欧元，但他把招会的目标刻意提到 200 万欧元，以激励会众的踊跃奉献。他还准备通过“异象的分享”这一关键的仪式环节，让圣灵做工感动会众进行奉献认捐。除了买堂项目，这位华人教会领袖还积极计划在巴黎郊区购买夏令营地，不仅可以用于组织本教会活动，还可以租给其他教会，给本教会盈利。

欧洲不同地方的温州教会之间也因为建堂过程中需要的经济互助行为，持续保持紧密的跨国联系。2000 年以近 200 万法郎买堂的巴黎华人救恩堂收到了其在荷兰的“姐妹会”荷兰华人基督教会 2 万荷兰盾（6 万多法郎）的奉献。而以丽岙人为主的巴黎华人教会为同是丽岙人为主的西班牙巴塞罗那温州教会提供了 20 万欧元建堂基金，其中一半是奉献款，另一半为借款。两边的移民教会人员是出自温州同一教会系统的同工，在中国的时候就有着紧密联系。正因为这种移民前形成的地缘宗教纽带，巴黎的温州教会对国内温州教会的资助更是责无旁贷。个别特别富有的巴黎温州人教会，不论是建堂，还是开展福音事工，对国内温州教会的资助已经形成制度化的实践。只要有来自国内的请求，就会有求必应。而为了表彰和回馈这样的捐助行为，新堂建成时都会要求资助方教会的代表前来参与落成庆典或献堂感恩礼拜并致辞。这一礼物和人员的流动无疑强化了跨国的宗教纽带。

对巴黎的温州教会来说，传福音必然是回到中国和国内温州教会一起去偏远贫困地区开展，而不是就近在法国或欧洲向未信之人传播。巴黎的温州人教会每年都组织几次回大陆传福音的“短宣”工作，到艰苦的地区如贵州、甘肃或是四川的少数民族地区为同工做培训，帮助那里经济困难的教会。而针对更为国际化的福音传播，即不仅在华人之中，也面向法国人传福音的希望往往被寄托在教会中会说法语的第二代身上。巴黎的温州基督徒积极参与国内教会发展就如同在海外多年打拼赚了钱的温商都想回到国内造桥修路和购置房产一样。可以说，这种跨国宗教空间联系的形成与温州人经济的拓展之间是互相建构、互相形塑、相辅相成的关系。

旅法温州人教会圈中的奉献行为反映了明显的温州乡土社会特色与情结。[①] 富有的教会成员和教会领袖会被期待拿出比别人更多的奉献给教会，这是大家心照不宣的精英的义务，但同时也给一些人带来了无形的心理负担和压力。执事和同工一般要带头认献建堂的基本资金。在巴黎另一家拥有数百成员的温州人教会，据说当选的执事会的成员有义务每人奉献10万欧元给教会，这使得个别在教会中表现活跃和受拥戴的成员因家境并不殷实而不愿意被推举参加执事会。这种民间集资的方式对温州人来说并不陌生。但是在巴黎这种环境下，这些小商贩们往往通过合资，可以获得难以想象的城市空间来实践自己的宗教文化上的理想。至少，在海外有这样能产生文化亲密感的都市空间，使温州同乡们不再觉得自己是生活在西方主流社会的边缘。对拥有堂点产权的强调，使温州的基督徒在法国巴黎可以寻找到一份近乎传统乡村社区的大家庭的感觉，起到了放大和强化传统家庭观念和网络支持的作用。一位移民教会传道人曾半开玩笑且不无得意地说，若是自己生意做不好，教会有180家弟兄姐妹，大家不会让他饿着。很显然，海外温州人教会这个“家”是具有现实社会经济功能和民间社会动员能力的一个跨国网络上的诸多节点，而并非一个流离失所者的避难所。[②] 这种温州宗教仪式经济在海外的（往往是灰色地带）延伸使跨国贸易产生的财富悄然流转到了一个连接中国与欧洲的都市宗教社区。虽然这类宗教奉献并不具有直接的生产性、投资性的目的，它在有形和无形中为移民经济提供了强有力的文化道德支撑与凝聚力，在陌生国度生产富有意义、认同和归属感的都市空间。

对于大部分温州移民教会领袖来说，他们的生活主要关切两件事：做工赚钱和侍奉教会。这种自我孤立常见于温州移民社群，特别在第一代移

---

① Mayfair M. Yang, “Putting Global Capitalism in Its Place: Economic Hybridity, Bataille, and Ritual Expenditure”, *Current Anthropology*, 41, 2000, pp. 477-509; “Spatial Struggles: Postcolonial Complex, State Disenchantment, and Popular Reappropriation of Space in Rural Southeast China”, *Journal of Asian Studies*, 63, 2004, pp. 719-755.

② Nanlai Cao, “The Church as a Surrogate Family for Working Class Immigrant Chinese Youth: An Ethnography of Segmented Assimilation”, *Sociology of Religion*, 66, 2005, pp. 183-200.

民中尤为突出。移民教会圈是他们在巴黎除了家庭之外唯一延展的社交网络。老华侨吴弟兄在巴黎住了 18 年仍然不懂法文，并宣称自己也没有时间看中文报纸或是中文电视节目。当被问及是否喜欢法国食物时，他说他只喜欢麦当劳，而麦当劳在他眼中是典型的法国食物，他常常在探访教会信徒后吃麦当劳。移民教会中的中老年人对领袖的职分竞争十分激烈，笔者曾亲历他们在主日聚会后在整个会众面前争吵甚至发生肢体冲突。当大部分信徒哀叹教会的不和之时，他们也往往沉浸于评论教会内“戏剧化”的权力斗争与家长里短。那些男性的平信徒领袖似乎特别希望通过这种宗教式的补偿来平衡他们在新社会中对于生活掌控的缺乏。通过强调传统的父系权威，来弥补他们在主流社会上的边缘化地位。无论是传统的民间同乡会网络还是专业的商会组织似乎都无法像以会众模式（congregational model）为基础的基督新教那样有效地容纳大众参与社会的热情。

对大量无证移民来说，教会这一相对封闭的空间更是提供给他们在工作场合得不到的庇护。在此基础上，基督教信仰不仅与中国价值观和情感的表露并不相悖，而且对后者具有积极鼓励的影响，为离乡背井的移民创造了一个温暖的精神故乡。在当前世俗主义的（历史上天主教影响下的）法国社会框架下，温州移民基督教已经成为褪去“洋教”特征的海外华人自治群体，极力提倡一种保守主义的道德观。移民教会的领袖希望教会里的兄弟姐妹，无论是哪一代，都可保持“行为的圣洁”，不做《圣经》上不允许的事，他们追求教会的零离婚率，并希望这样的道德观可以一直被青年一代继承发扬下去。正如一位温州移民教会领袖所言，“现在很多外国教会都堕落了，被世俗化了，外国教会的离婚率有的高达 45%，而我们教会的离婚率为零，教会如果发现有离婚想法的人，都会去劝说，帮助他们解决感情问题，而且从小就对下一代进行‘结婚就不能离婚’的教育，让他们从小就接受这种想法。”同时，巴黎温州人教会群体提倡在教会内部的结合，即至少夫妻双方要有共同的信仰，经上述传道人在教会证婚的夫妻就有十多对。正是这种保守的性道德使华人移民基督教得以在法国顶住世俗化的文化冲击，而随着移民华商的脚步快速发展与扩散。

三　宗教、商业与社群信任：比较的分析

法国的温州移民教会也许是独特的，具有强烈区域文化色彩的，但在

中国经济全球化的背景下并非一个例外的故事。意大利的华人基督教走出了一条相近但又有所不同的道路。相比以巴黎为中心形成小聚居的法国华人移民教会群体，意大利华人移民教会遍布长条形国土并呈发散形发展。在这两个国家，我们都看到华人基督教背后商人家庭和家族的重要支撑作用，尤其是来自浙江温州的华商群体更是在其中扮演了举足轻重的角色。在两国平行发展的华人移民基督教既有交集和共性——比如都具有拟家族化倾向、空间独立性与一套保守主义道德话语，又有对不同处境的差异性适应。欧盟中，意大利在移民管制上的相对宽松及其商贸发展上的相对落后，是导致旅意华人移民基督教的高流动性与抱团协作的主要外在原因。欧元区发生经济危机后，意大利受到重创，境内诸多工厂的关闭也导致其附近移民教会随员工的离开而被迫搬迁。法国的温州华人基督教历史比较长，在区位发展模式上更为集中于巴黎这个国际商业大都市与华人移民的商贸中心。值得一提的是，有不少巴黎的华人移民基督徒都是从意大利转道来法国寻觅商机的，对他们而言，意大利更适合作为一个落脚点以获得合法身份，而法国才是终点站。

法国的世俗化强调不信仰任何宗教的自由，而意大利的世俗化更多地体现在以个体方式（而非社群组织形式）实践信仰的宗教私人化倾向。法意两国的世俗化形式与程度虽然不同，但它都强化了华人移民基督教群体与主流社会间的张力与离心力，客观上加强了移民教会内部的凝聚力、宗教委身与社群信任（communal trust）。这似乎揭示了为什么在极为世俗化的社会框架下却得以聚集全欧最大规模的华人基督教群体。对这些移民基督徒而言，长期稳定和排他性认信的教会参与使他们能够在跨国迁移与流动中充分建立归属感与互信并获得情感上的依靠，以及社会物质方面的安全感。这种团体归属感，是由基督教团契通过营造基于排他性信仰的集体生活产生的，比其他侨团组织更能吸引和凝聚华人。① 尽管巴黎的温州人教会因为聚集了较多的精英侨领和老华侨，在社会空间上呈现彼此独立和相互竞争的发展态势，但总的来说，旅欧华人移民基督教并非海外华人的精英组织。相比而言，海外商会、协会和同乡会主要构成了华商精英活

① 移民教会较华人商会或行业协会的一个最大不同点是拥有一个基于信仰的道德共同体。参见涂尔干有关宗教的定义，［法］爱弥尔·涂尔干：《宗教生活的基本形式》，渠东、汲喆译，上海人民出版社 2006 年版，第 52—58 页。

动的平台，而华人移民基督教本质上是一场大众运动。[1] 堂点遍布意大利的华人基督教牧区体系满足了散居各地的经济地位较平等的非精英移民的社会参与需求，并使他们能够随工作迁移而轻易在统一的宗教体系内实现跨地区流动，以便就近找到新的聚会点。

从组织社会学的角度分析，旅欧华人移民教会的发展经历了一种规范性的"同构压力"（isomorphic pressures）[2]，当华商信徒将相对成功的商业社会实践带入教会群体后，移民教会组织在运作逻辑上也趋向于一个商业组织。温商的家族企业与其带领的移民教会在对待投资理财、婚姻与家庭关系上的实践是同构的。最鲜明与直接的一个例子莫过于一个把教会办公室当作公司办公室使用的巴黎温州移民教会领袖。当问及他名片上的服装公司地址为什么与他的教会地址一致时，他直白地回答："有教会活动时，这里是教会的办公室，否则这里就是公司的办公室。"这种圣俗界限似乎是十分任意的，然而这也在很大程度上反映了在组织资源相对有限的前提下，移民教会较易缺乏或失去自身独特的文化特征与宗教传统，从而成为一个满足移民社会经济与世俗文化现实需求为主的多功能社区中心。不论是旅法移民教会彼此相对独立的横向网络体系，还是在意大利类似于天主教的垂直等级化的移民牧区体系，现阶段欧洲华人移民基督教的最大特色是依托于华人家庭与华人商城的社会经济纽带的放射性发展模式，而这与中国经济全球化进程在近几十年来的加速是分不开的。

当前的欧洲华人教会发展形态也可与历史更为久远的北美华人移民基督教进行比较分析，它们体现了不同政教关系构造下的移民宗教表达形式。20世纪末笔者曾在美国纽约市曼哈顿的唐人街或华埠（Chinatown），重点围绕一间以广东移民为主的工人阶层教会进行过为期一年的民族志田野调查。[3] 彼时中国的经济全球化程度还未如现阶段这般迅猛，华人移民

---

① 参见斯塔克有关初期教会的讨论，［美］罗德尼·斯塔克：《基督教的兴起》，黄剑波、高民贵译，上海古籍出版社2005年版，第247—248页。

② Paul J. Di Maggio and Walter W. Powell, "The Iron Cage Revisited: Institutional Isomorphism and Collective Rationality in Organizational Fields", *American Sociological Review*, 48 (2), 1983, pp. 147-160.

③ Nanlai Cao, Bonding Social Capital with Bridging Effect: Youth Adaptation Processes in a Chinatown Church, MA thesis, Department of Sociology, Fordham University, NY; Nanlai Cao, "The Church as a Surrogate Family".

教会的跨国联系较少，主要专注于向美国主流社会的同化，相对淡化对原居国中国的归属与制度连接。美国唐人街教会的牧师在新移民同化或美国化进程中扮演关键性角色。他们之所以能够帮助华人融入这个社会，而且能够吸引大量年轻人，不管是底层人士，还是留学生，实际上是因为他们起了一个链接中西方文化的桥梁作用。就像现在的欧洲华人教会领袖一样，他们实际上是一种新型的侨领——宗教侨领。这类宗教侨领本身是一个有威望、德高望重的，较好融入主流社会的人，移居西方已经数载，语言能力较好。另一方面，其社会经济地位也属于中上层，所以不仅从经济层面，而且在社会行为与价值观上，他对新来的移民来说都是一个楷模，起到一个侨界领袖的角色。另外，他又符合我们中国传统乡村大家庭中对“父亲”的角色期待。他像父亲一样关爱那些年轻人，甚至超越了他们血缘关系上的父亲。华埠新移民青少年的亲生父亲，由于大多不会说英语，移民美国以后，其本来就不高的社会经济地位，更趋下降。在中国取得的资历，如公务员或者教师等职业技术证书，到了美国以后都失去效用，个体呈现向下层社会流动的趋势。在传统中国家庭，如果一个父亲的权威失去的话，对孩子的社会化会有非常大的负面影响。基督新教非常强调男性的权威，所以移民教会的华人牧师就扮演了这样一个理想的模范父亲的角色，提供不仅是象征性的，也是现实生活中的父爱式关怀。他会陪伴移民子弟一起打篮球和郊游，而他们的亲生父亲几乎是不可能以这样亲密平等的方式陪他们游戏的。在中国传统文化里，人们很难想象父亲和孩子在公开的场合展露对彼此的感情。而在美国社会生活中，父子之间则会互相拥抱、亲吻。当华人移民子弟看到美国孩子跟父母之间的这种亲密互动，就很难理解父母一天天地忙着工作、七天都要去打工而无休息日的生活。欧洲的华人新移民中也是这种情况。有法国的访谈对象告诉我，他们的父母经常是凌晨两三点钟睡觉，早上七点钟就起来做工，而且周末都不休息。在法国巴黎的街道上，我曾看到华人店铺的橱窗上贴着中文写的“周末我们不休息”的字条。在这种社会经济生活与工作的压力下，教会提供了情感层面上的一种象征意义上的权威和心理上的补偿。但我们也不能完全化约式地理解为它仅仅是弥补了移民的心理真空，实际上坚守原生基督信仰也表达了他们想融入新社会的一种欲望，即希望能用一种自己的方式去融入，而不是完全地西化。因为他们参加的还是华人的教会，而非美国人或者法国人的教会，并往往刻意与西方主流教会保持距离与区隔。这种委身华人聚集区的信仰现象在第一代移民中尤为普遍。

美国的华人群体在社会经济层面上是两极分化的，一个群体是聚居于华埠较为草根的工人阶层；另一个是较为富有的专业技术移民与中产家庭出身的留学生群体，后者中不乏富二代，他们大多在美修读本科和高中的学业。这些新一代青年华人群体中皈依基督教的情况已经愈发普遍。他们信教的途径往往是通过正式的宗教组织与正式教会机构的渠道，这些学校本身大多拥有教会背景，华人子弟在学习过程中受到基督教传教的意识形态的熏陶。相比之下，欧洲的华人，尤其是温州移民，他们在很大程度上还存在于一个灰色地带，他们有的是非法居留，有的是非法务工，或者父母都打黑工的情况也十分普遍。毕竟现在欧洲的很多华人小商人是 20 世纪八九十年代偷渡过去的，然后才慢慢地把身份洗白。对这些人来说，华人移民教会是他们唯一能获取的在新社会站稳脚跟的开放性资源。这种开放性源自基督教的包容性，即其假设所有人，不论社会经济背景或教育水平如何，皆为潜在的皈依者。而对于去美国留学的富二代和城市中产子弟来说，他们更强调的是基督教作为一种象征意义上的优势身份资源。因为基督教在都市中国的发展往往体现了自己是跟现代性最为契合的，尤其是依附于西方现代性一种道德体系。① 不管在中国还是西方，一旦建立了基督教信仰与现代性的概念性关联，年轻一代即会倾向去学习和获取物质、技术层面的知识之外的这种精神性资源。毕竟美国是一个以神学立国的基督教国家，人们可以轻易看到社会生活中以基督教为基础的公民宗教的一个影子，这为华人接受这个主流信仰创造了积极顺畅的生态条件。

笔者在纽约市求学阶段（1998—2004 年），在这个相对世俗化的美国大都市，对基督教的日常弥散性也有深切的体验。当每周日早晨起来乘坐公交车时，经常可以听到司机一边开车一边收听牧师讲道的内容。这不由得让人联想到北京的出租车司机一边开车一边听相声的情景，这好像是一种无意识的、嵌入到大众情感结构的东西。对一个新移民而言，旅居时间久了就不会觉得去教会是一个很大的心理障碍。而在中国，基督教跟日常生活是有一定距离的。笔者赴美前在中国没有参加教会的经历，第一次去教会是到美国以后在室友（一个澳门人，他在国内就已经是基督徒）的

① Nanlai Cao, "Raising the Quality of Belief: Suzhi and the Production of an Elite Protestantism", *China Perspectives*, (4), 2009: 54-65.

带领下去的。他带我去了曼哈顿唐人街的一家教会，后来那里成为我硕士论文的田野地点。当然我从他身上也了解到中美两个社会中华人基督教表达形式的差异。他觉得中国的教会内的讲道比较忠于《圣经》，谈“罪”谈得很多，但是他加入到美国华人教会聚会后，发现华人牧师都是在谈“爱”，甚至谈的都是一些并非《圣经》上的内容。他作为中国比较保守、正统的基督教氛围下成长起来的信徒，感受到了这一巨大区别。这一差别也在我之后对温州基督教进行的博士论文研究中得到进一步印证。[①] 华人基督教在美国经过了一定的改良，以更适应华人在当地的社会处境。换句话说，源自中国社会文化土壤的一个原生基督教形态，随移民迁移到美国以后，就脱离了边缘化的地位成为一个主流的宗教，因此也就不再那么需要强调自己的宗教独特性，反而开始重视自身的民族独特性，以获得和保持本民族信徒群体的内在凝聚力。[②] 在中国本土社会，基督教为了延续在社会边缘的现实生存需要，反抗社会同化，仍非常强调自己的一些基本的信条（尤其是“因信称义”），为的是在本质层面上跟别的宗教以及世俗社会与政治分别开来。但在基督教文化影响下的美国或欧洲大陆，华人基督教更像是一个民族社区型的宗教或者是一个结合信仰与生活的社区共同体。

例如，唐人街的华人教会非常强调子女的教育以及中国的传统节日，比如中秋节和春节。教会其实既庆祝中国的节日，也庆祝美国的节日。其庆祝方式是非常传统的，比如讲道聚会后做一桌饭菜，或者买一些外卖食品供信众自助食用。祷告结束以后，牧师会按年龄段邀请老年人先去自取饭菜，然后是孩童，最后才是中青年人，这充分体现尊老爱幼的传统文化。这一点跟美国本土教会的文化是不一样的，它给人一种中国式的家长制的感觉。但这个中国大家长又是相对比较西化的老华侨，所以他可以扮演中国和美国文化交汇的桥梁角色。这个华人移民教会本身含有一些中国化的、儒家化的内容。非常强调青年人要尊重父母、好好学习、不要走偏

---

① Nanlai Cao, *Constructing China's Jerusalem: Christians, Power, and Place in Contemporary Wenzhou*, Stanford: Stanford University Press, 2011（中文版《建设中国的耶路撒冷：基督教与城市现代性变迁》，香港大学出版社 2013 年版）。

② Fenggang Yang and Helen Rose Ebaugh, "Religion and Ethnicity Among New Immigrants: The Impact of Majority/Minority Status in Home and Host Countries", *Journal for the Scientific Study of Religion*, 40 (3), 2001: 367-378.

等社会道德规范。笔者曾出席了他们受洗前的见证会。在受洗之前，那些孩子都会在台前进行分享与忏悔。记得有个十几岁的女孩说她未婚先孕了，所生的孩子现在由别人收养了。皈依就等于给了她一个新的生命，这个不仅是灵性上，同时也是社会经济意义上的。还有小男孩说他以前跟黑帮混，闯到别人家里去，收取保护费什么的，被警察抓后在拘留所（concentration center）关了一段时间，幸运的是最后那个事主没有起诉他，他感谢上帝对他的看顾。还有青年人提到，如果没有基督教，他在街上就被人开枪打死了。因为他有朋友真的是这样被黑帮打死的。这些见证反映的都是一些有问题的青少年通过信仰基督教得到行为上的矫正。所以对他们来说，这个教会起到非常大的作用。对这种工人阶层子弟来说，他们可能没有别的选择，获得教会的帮助是无条件的。你不需要什么资格，只要相信就可以了。只要选择他们的信仰，你就能够获取他们的信任与帮助，可以成为这个社区的一部分，否则你就会沦为一个流离失所的个体。

欧洲华人移民基督教的情况与美国的华人基督教比较又存在非常不同的地方。如前所述，美国有一个正统的，通过正式组织传播发展的华人基督教，这与基督教作为美国正式组织的意识形态和文化底蕴不可分割。现今旅美中国移民大多数是通过正规教育体系（尤其是教会背景的中学和大学）来获得对美国基督教的认识。[①] 唐人街的教会组织也是正式的，类似社区中心的华人社群的组织。而法国是一个强调世俗主义核心价值的国家，这导致了宗教和世俗社会之间的紧张关系。华裔移民宗教组织很难在法国获得一个合法的身份，所以它们的运作方式就像他们的私人企业一样，是处在一种依托移民家庭与家族网络的灰色地带。活跃于非正式跨国网络的旅法温州华人为了进一步发展教会所采取的措施（诸如融资购买新的教堂与聚会场所），都属于非正式的安排，借助于移民家庭的非正式经济（informal economy）来尽力规避当地法律与法规的监管。这类非正式经济实践实际上包括了偷漏税和雇黑工等。这种非正式制度安排对属于非精英的华人商人来说是一种特殊处境下的社会融入方式。[②] 那么基督教到底在非精英华人社会中起到什么作用？为什么

---

① 参见 Han Zhang，“Leave China，Study in America，Find Jesus”，*Foreign Policy*，Feb. 11，2016。

② 王春光、Jean Philippe Béja：《温州人在巴黎：一种独特的社会融入模式》，《中国社会科学》1999 年第 6 期。

这些华人移民到了欧洲非常世俗化的地方，还要保持他们的基督教信仰？我们比较容易理解的是移民到了美国，他们信仰基督教，是因为美国主流文化是基督教，所以他们接受基督教或继续持守这份信仰是为了更好地适应美国的社会或者融入美国中产阶层文化。那么对于20世纪八九十年代移民欧洲的这些以温州人为主的小商人群体而言，他们在新的社会环境中重新营造了一种高度中国化的基督教社群生活，这一跨国宗教现象具有重要理论意义。

本文的一个主要发现是移民基督教实际上提供了一种移民生活所需要的精神和道德资源，并构建了一个平行的象征世界来承载移民们的一些跨国商贸实践。不管是温州人还是其他地方的华人，要想形成一个一起合作经商的稳定的商帮力量，从长远角度来看，必定需要一种非经济性的、非理性的互信纽带。如果移民商人都是锱铢必较，以自身逐利为先，追求个人利益最大化并相互算计，那么长久的群体合作将难以实现。而温州人最大的特点就是以“抱团”的方式融入新社会。基督教是建构这种社群内聚力与信任的一个可能资源，也提供了一个高度可控的社会空间。这并不是说必须是通过基督教这一种宗教来实现族群内的聚合。但基督教似乎在现阶段扮演着一个最明显的社会角色，在侨社的社会整合能力超越其他宗教及宗族组织、同乡会等华侨组织。我们经常可以耳闻媒体上和侨界流传的关于海外侨社的一些乱象，诸如一个海外商会设立十几个副会长，导致华人组织内斗的情况甚为严重。但是教会就提供了另一种可能，这不只是跟特定宗教意识形态有关，跟它的组织架构也有直接与紧密的关系，因为它是讲求一个把信仰和生活融合在一起的充满社群互信的团体。这种会众的结构能够整合这些本来就是为了追求现实经济利益而背井离乡的团体。他们鼓励乐善好施，发扬利他主义的精神。教会的领导层不仅被期待回馈原籍的社区，还要负责为侨团组织频密的、体现全方位关怀的宗教与社会活动，这些包括几乎每天都有的查经班、主日的崇拜会，还有团契、聚餐、探访、郊游与夏令营等活动。笔者参加过巴黎华人基督徒在咖啡馆及信徒家中举办的聚会，在这些场合出现和聚集的往往都是老乡，他们在国内也都彼此认识，甚至在国内都是来自一间教会、同属一个牧区。

旅欧华人基督教在这方面成为重构了乡情和熟人社会纽带的载体与渠道，而且是以激发强有力的、持久的情绪与动机的方式在异域塑造了这一社会现实。[①] 在这里，宗教道德与价值观似乎是为老乡与族人基于地缘和血缘的社会信任网络提供了额外一层超自然秩序的保证。不像华侨的商会与同乡会组织过于强调和追求其理性的、竞争性的和经济性的纽带功能，教会提供了位于家国之间的一个情感面向的、非市场关系导向的互联纽带，它强调的是社区精神与财富的再分配，这也间接促使华人商业在海外的发展更具有可持续性。

① 这里借用格尔茨对宗教的定义，即一套由象征物所构成的文化体系，通过对生存秩序的概念化构建，能够激发强烈、普遍而持久的情绪与动机，而且，由于关于生存秩序的假设被视作事实，被激发的情绪与动机也因此而真挚切实。［美］克里弗德·格尔茨：《文化的解释》，韩莉译，上海人民出版社 1999 年版，第 111 页。

“一带一路”：跨文化理解的邀约

整体思维审视下的“一带一路”文化

卓新平*

随着“一带一路”倡议的深入推动，人们对海陆丝绸之路及其文化关联越来越重视。“一带一路”经济发展看似是局部性发展，实际上却牵一发而动全局，具有全球性意义。因此，我们研究“一带一路”经济发展必须具有整体思考，多层次、全方位地加以设计和推进。“一带一路”沿途国家多为相关文明的发源地，历史悠久，文化底蕴深厚。特别是在当代国际环境的复杂变化中，多元文化呈现出错综交织之状，而其宗教因素亦非常典型，值得我们高度关注。实际上，“一带一路”涵括极广，虽然其具体涉及的国家主要是亚洲、欧洲和非洲各国，而同样也会触及并影响到美洲及大洋洲等地的政治、经济及文化发展，因而实质上具有全球意义，远远超出“一带一路”的原初地域内涵，已经具有全球范围的世界政治经济之意蕴。这样，“一带一路”不只是具有局部意义，而乃影响到全球，需要我们对之加以整体审视。而且，这种关注还不能仅仅限于政治与经济，而必须考虑包括宗教在内的精神文化诸方面。

一　“一带一路”对全球政治经济的影响

“丝绸之路”是古代中外交通重要路线的习称，其相关路线有着“瓷器之路”“香料之路”“玉石之路”“黄金之路”“茶马古道”等说法。1877年，德国地理学者李希霍芬对其中的陆上通道以“丝绸之路”冠名，从此得到公认、形成习用。大致而言，陆上“丝绸之路”最初指中国西

* 卓新平，中国社会科学院世界宗教研究所原所长、研究员。

汉时期张骞出使西域所行路段，古都长安为起点，经河西走廊、塔里木盆地、中亚、西亚而达欧洲，全长大约7000公里。而“海上丝绸之路”则是这种表述的延续使用，指古代中外交通的海上通道。2013年9月7日，习近平主席在哈萨克斯坦纳扎尔巴耶夫大学演讲中率先提出以创新合作模式共建“丝绸之路经济带”的倡议，引起世界舆论的积极反应。据粗略统计，陆上丝绸之路与中国相关联的亚欧国家和地区有35个，并以此为核心形成更广远的扩展和辐射。2013年10月3日，习近平主席访问印度尼西亚，期间在国会发表演讲，提出了共同建设21世纪“海上丝绸之路”的倡议，随之而有了“一带一路”之说，“海上丝绸之路”至少包括位于亚洲、非洲、大洋洲和欧洲的38个国家或地区。通过海陆丝绸之路，这些国家和地区自古以来就与中国有着各种交往，现在以复兴“丝绸之路”为方式，这一领域的经济发展被激活，随之开启人们对其政经发展及文化恢复的广泛兴趣。在习近平主席的积极倡导下，中国多部委于2015年3月28日在海南博鳌论坛上发表《推动共建丝绸之路经济带和21世纪海上丝绸之路的愿景与行动》的合作倡议，由此开始“一带一路”国际合作的系统工程。习近平主席在详细描述了世界多极化、经济全球化、文化多样化、社会信息化这一复杂图景之后，明确提出了“迈向命运共同体、开创亚洲新未来”的建议。令人兴奋而鼓舞的是，对这一亚洲发展新倡议的积极回应马上就超出了亚洲范围，而形成了对全球共建人类命运共同体的共同关注。所以说，“一带一路”国际合作发展倡议并不是中国一家的“独唱”或一厢情愿，不仅有着沿线国家积极回应的“唱和”，更形成了全球共同参与的国际“交响乐”。

西方舆论曾把“一带一路”倡议称为中国版的“马歇尔计划”，意味着在中国引领下这一地区将实施其经济复苏和复兴，但西方一些国家也对之持怀疑和观望态度。围绕着“一带一路”，世界各国对华态度直接或间接地得以表现。一种类型是对“一带一路”的积极参与，在上述60多个国家和地区中，绝大多数是采取了与中国合作、积极参与的态度，它们是响应“一带一路”倡议的骨干力量。而其中少数国家按其地理位置虽然属于“一带一路”的核心地位，却因政治考虑及其分歧而成为这一发展的近距离观察者。第二种类型则是“一带一路”地区外围的国家或地区，他们大多认同“一带一路”的发展，并有着相应的参与，如与之联系密切的、中国所倡导成立的“亚洲基础设施投资银行”就得到了这些国家和地区的大力支持，随着本属西方联盟的一些国家加入“亚投行”，西方的对华态度出现分裂，而在其政治与经济选项下也有着明显的不相协调或矛盾呈现。第三种类型在地理位置上远离“一带一路”，与其发展并无直接的关联；但这些国家在“一带一路”域内地区直接或间接有着其政治、经济利益，故而很难超脱。这样，大家仍然会聚焦“一带一路”，寻找各种机会。其社会政治经济的共同利益与中国所倡导的共同建设“人类命运共同体”显然吻合，形成共鸣。由此而论，“一带一路”带来了一种全球意识的整体聚焦，编织成一张谁也很难彻底逃脱的关系大网，国与国之间必须彼此面对，有着交织或换位思考。

虽然“一带一路”周边主要国家只占世界国家总数的四分之一稍多一点，但其全球关联却根深蒂固、枝繁叶茂，不可小觑。反之而论，世界的政经格局也因“一带一路”的发展而发生了变化，需要一种全球审视和评估。当人们考虑、设计、规划或实施其政经布局时，也不得不考虑由“一带一路”所带来的变化，必须因势利导，巧妙构思，避免风险，抓住商机。随着“一带一路”重大项目得以实施或完成，其经济形势影响并带动了整个世界经济的发展、社会结构的变化。这种运势正促进着全球范围的经济新格局之形成，正在启动具有全球关联的新项目，也正在改变世界金融的流动方向和国际经济发展的走向。所以说，“一带一路”并非当代世界的局部发展，而乃反映出世界经济的基本格局和整体态势。考虑其经济与政治，必须从世界全局出发，善于把握和驾驭整体局面，有着其通盘审视。

2017 年 5 月 14 日，“一带一路国际合作高峰论坛”在北京召开，来自世界各地 100 多个国家和地区的代表出席论坛，包括许多拉美国家和非洲国家的代表。习近平主席在论坛上发表了“携手推进一带一路建设”的主旨发言，引起全球关注。习主席讲话的基本精神就体现出全球意识、整体思考，旨在当代世界的共同发展。“一带一路”构思的推出，其基本意向就是“互学互鉴，合作共赢”，即以“一带一路”沿线地区为起点，使之成为全球整体合作的“和平之路、繁荣之路、开放之路、创新之路、文明之路”。与亨廷顿（Huntington）等西方理论家所思考的全然不同，“一带一路”精神是要突破局部或有限合作以某种“文化圈”或利益共同体来应对社会变迁和世界危机的思路，以克服和超越文明隔阂、文明冲突或某种文明优越等传统认知，走出一条共建人类命运共同体的全新文明之路。在文化多样化更为凸显的当前国际形势下，面对这种文化大发展、大变革和大调整的时局，中国基于整体审视的考量而表明其“对话不对抗，结伴不结盟”的态度，谋求一种全球同发展、共进步、齐参与的“整体”共融。所以，其国际经济合作从最初的“一带一路”核心地区向外积极辐射，目前已远远超出了“一带一路”之界成为世界范围内新的大合作，而其政治影响的全球性也已不言而喻。

二 “一带一路”是世界各大文明发源和会聚之处，应整体审视其文明形态

无论是雅思贝斯（K. Jaspers）的“轴心时代”所触及的远古文明，还是孔汉思（Hans Küng）所论“三大宗教河系”中的宗教文明，以及众所周知的古代历史上的“四大文明”，大多在我们所谈及的“一带一路”范围之内。远古文明的兴衰，带来了人类的迁徙流动，曾形成波澜壮阔的文明之流，给“丝绸之路”的出现埋下了伏笔，奠定了基础。此后，在上述文明发展的关联地带，先后出现了多种文化形态，包括中华文化、中亚文化、中东文化、东南亚文化、北非文化以及欧洲文化等，给人斑斓多彩之感。这些文明形态不只是给人类带来沉重的历史回忆，而且也留下了不朽的历史痕迹，传承着影响至今的古代遗产。亨廷顿在其“文化圈”理论中谈到不同文明之边际交接之处会发生文明冲突，导致文化对抗。而“丝绸之路”的延伸也曾不断越过这些文明边际，见证过不同文化圈之间的友好对话。其实，在历史的经验中，所谓文明冲突或对话，恰如一个硬币的两面，共同存在，轮流显现。纵观人类历史的发展，我们会发现社会冲突的历史可能会多于社会对话的处境，所以了解人类文明、保持文化对话，至关重要，必须努力争取。

“一带一路”地区的文明寻踪，是我们随着“一带一路”建设不断深入而必须跟进的文化之旅。文化是社会政治经济发展的精神反映，也为其和谐共构提供了温床。虽然其文明形态各异、文化特色突出，各种文化却不会孤立存在、独立发展，而是形成千丝万缕的联系。例如，两河流域的文化就与古希伯来文化有着复杂交织，而古代印度文化对中华文化发展亦产生过广泛影响。虽然这些古代文明具体所涉及的国家主要是在亚洲、欧

洲和非洲各国，但随着其文明的扩展、嬗变而逐渐地、潜移默化地影响到美洲、大洋洲等地的文化发展。因此，推进“一带一路”发展必须做好文化功课，熟知相关地区博大精深的文化传统、文明传承，体悟其留存的文化气质、文明特色，把“一带一路”建设也作为文化工程来展开，打好可持续发展的基础。我们必须意识到，“一带一路”地区曾孕育的文明为整个世界文明的发展提供了摇篮，带来了许多迄今仍广有影响的文化元素和文明积淀。在推动“一带一路”建设时对之加以文化的审视和发掘，会对其特质有更深刻的认知，对文明的价值及意义有更贴切的领悟。

当然，这些远古文明的确乃“俱往矣”的过去，我们发思古之幽情并不是要陷于古代而难以自拔，不能拘泥于这种文化矫情，而必须走出远古、迈进现代，洞察历史变迁的风云，找出历史发展的规律，以古观今，明察时局，吸取教训，理性作为。我们必须看到，这些文明地带的发展也跌宕起伏、曲折复杂，以往的“流奶与蜜”这一景观经常被“狼烟四起”所取代，不少远古文明已经荡然无存，冲突战争却成为常态。可以说，“一带一路”地区的文化变化既持久又惨烈，其历史的痕迹被多次抹刷，其文化的形态亦不断变换，时至今日已面目全非，只能找到其依稀、模糊的连线。了解、研究这些文化变迁，使我们在“一带一路”地区走得更稳健，其事业的发展也能够更持续。从以往文明的发展变迁的各种经验教训中，我们应该深知，“一带一路”必须向“和平之路”的发展方向努力，没有和平，繁荣、开放、创新等根本无法实现。而走和平之路，实现并确保宗教和平至关重要。

三 “一带一路”地区的宗教全貌

“一带一路”相关国家大多有着复杂的政教关系问题，如果不能稳妥处理，则会带来推动“一带一路”发展时的风险，使之成本增加、事倍功半。在陆上丝绸之路与中国相关联的35个亚欧国家和地区中，多数居民信奉各种宗教，有着悠久的宗教历史传统和民族特征，其中以信奉伊斯兰教为主的包括阿尔巴尼亚、阿富汗、阿塞拜疆、巴基斯坦、哈萨克斯坦、吉尔吉斯斯坦、孟加拉国、塔吉克斯坦、土耳其、土库曼斯坦、乌兹别克斯坦、伊朗12个国家，以信奉基督教（多为东正教或天主教）为主的包括爱沙尼亚、白俄罗斯、保加利亚、波兰、俄罗斯、格鲁吉亚、捷克、克罗地亚、拉脱维亚、立陶宛、罗马尼亚、马其顿、摩尔多瓦、黑山、塞尔维亚、斯洛伐克、斯洛文尼亚、乌克兰、匈牙利、亚美尼亚 20 个国家，而波斯尼亚和黑塞哥维那则有着伊斯兰教、东正教和天主教信仰的复杂交织，此外缅甸以信奉佛教为主，而印度以信奉印度教为主，但也有 1 亿以上的穆斯林，所占人口比重较大。这些国家或地区政教关系复杂，社会风俗习惯及社会矛盾冲突也多与宗教相关联。其中政教合一或以某种宗教为其国教的政体依然存在，其宗教在国内政治中起着关键作用。有的虽已废除国教，却仍以某一宗教为其绝大多数人的信仰，形成其民族团结及社会凝聚力。还有的则经历过多种宗教的发展变迁，如古代两河流域的宗教已荡然无存，伊斯兰教已成为其风行的最主要宗教；波斯帝国流传的琐罗亚斯德教至今仍存，但其社会政治影响已经边缘化；印度教虽然为印度第一大宗教，却不能平稳地独占鳌头，而是与伊斯兰教、锡克教等冲突不断。佛教在“一带一路”周边国家广为传播，却在历史上消失在其发源地、曾起到佛教流传主要作用的印度，而现在印度出现了对佛教信仰的呼唤。在这些国家中，宗教可能会影响到政治决策，而政教合一的宗教权威则明显高过其社会的政治权威。

在海上丝绸之路与中国相关联的 38 个国家和地区中，宗教存在的形势同样错综复杂，其民众宗教信仰虔诚、宗教传统久远，并已形成以宗教为表述的民族特色；其中民众大多信奉伊斯兰教的包括阿联酋、阿曼、埃及、巴林、卡塔尔、科威特、黎巴嫩、马尔代夫、马来西亚、沙特阿拉伯、文莱、也门、伊拉克、印度尼西亚 14 个国家，印度尼西亚已成为世界第一穆斯林人口大国，超过 2 亿人信仰伊斯兰教；而大多信奉基督教各派的包括埃塞俄比亚（其中人口的 45%信奉东正教，40%以上为穆斯林）、澳大利亚、比利时、德国、东帝汶、法国、菲律宾、荷兰、瑞士、西班牙、新西兰、意大利、英国 13 个国家，大多信奉佛教的包括柬埔寨、老挝、蒙古国、斯里兰卡、泰国、新加坡（40%的人口信佛教，为其第一大宗教）、越南（占总人口的 50%左右）7 个国家；而大多信奉印度教的包括毛里求斯、尼泊尔 2 个国家，此外马达加斯加有一半以上人口仍然坚持信奉其传统非洲宗教，而以色列人大多信奉犹太教，视其为民族之魂。政教合一或以某种宗教为国教的现象依然存在，宗教也仍为绝大多数人的信仰。

“一带一路”地区涉及的宗教有世界三大宗教伊斯兰教、基督教（包括其三大教派及地方教派）和佛教，还有具有典型民族特征的宗教如印度教、犹太教、传统非洲宗教，以及历史较短但影响迅猛增长的巴哈伊教等新兴宗教。实际上，“一带一路”地区就是世界三大宗教的发源地，是人类宗教最为丰富、最为多元，也最具挑战性的地区。而这些国家或地区又正是我们建立“丝绸之路经济带”的立足之地。因此，必须稳妥、及时地处理好与这些国家或地区的宗教关系问题，否则“丝绸之路”很难畅通，围绕“一带一路”经济发展所进行的国际合作也很难持久。

孔汉思曾断言，“没有宗教和平就没有世界和平”，如果不能稳妥解决宗教问题，“一带一路”的国际合作也无法实现。因此，我们必须对“一带一路”相关国家的民族宗教情况有深入的调查研究，有充分的风险评估，综合审视宗教在这些国家和地区的社会地位、政治影响和民族关联，把宗教因素从国际合作、国内政治的不利因素转化为积极因素。例如，由于没有宗教的信仰传统和民俗基础，我们在“一带一路”地区往往很难深入了解民意，在交往中一旦触及宗教问题，就可能造成不必要的麻烦，带来产生破坏性影响的矛盾，从而使“一带一路”的国际合作举步维艰。我们在“一带一路”国际合作中看到了“五通”之基本构设，即政策沟通、设施联通、贸易畅通、资金融通、民心相通，其中“民心相通”是“一带一路”发展及可持续发展的社会根基。如果不了解或不尊重其宗教传统，不意识到相关宗教与相关民族的密切关联，就不可能达到民心相通，也很难奠立这一共同发展的社会基础。我们必须以一种开放和包容的心态来看待“一带一路”地区的民族、宗教问题，并依次扩展到对全世界民族宗教问题的思考研究，找到并实行正确政策及对策，而不要人为地挑起民族宗教事端、造成不必要的矛盾和冲突。因此，在这一问题上决不可走封闭和排斥一路，而必须牢牢记住，“社会在开放中发展，民族在融合中共存”。

此外，这些“一带一路”沿线国家和地区也会因为宗教问题而有着自身的不稳定和动荡，对此我们必须事先知晓，以便未雨绸缪，早作准备。如中亚各国处于与我国西部接壤的关键位置，也是我们“一带一路”国际合作最直接、最方便之地，因此，这一地区的社会稳定问题，包括其与恐怖主义、分裂主义、极端主义三股势力斗争的问题，是我们必须密切关注的。进而言之，从全球整体审视来看，西方大国对我们“一带一路”

国际合作肯定不只是观望，势必会在与我们争取在这些地区影响力的博弈中打“宗教”牌，而我们切忌不可丢掉这一底牌，失去主动。最近美国总统在美国国家祷告日签署行政命令，废除1954年出台的限制宗教自由之《约翰逊修正案》，就是一个重要信号，值得我们高度重视。相关宗教对相关跨境民族会有着共同影响，我们不能无视或听之任之，而理应做积极转化工作。各个国家都有各自民族、宗教、领土纷争及历史遗留问题，如当前颇为敏感的克里米亚归属问题、伊朗与阿拉伯国家关系及其受西方制裁封锁而造成的问题，叙利亚内战涉及的教派冲突，伊拉克和阿富汗社会稳定问题，以及所谓“伊斯兰国”问题等，其中都有明显的民族宗教因素。所以，我们在推动“一带一路”国际合作进入这一领域时，必须慎之又慎，对此要有综合分析和全面思考。我们要有效避免“一带一路”发展的风险，就必须熟知和考虑好如何应对其复杂的民族、宗教问题，做到有预案、有对策。其中特别重要的就是应该及时处理好我们国家自己的民族宗教问题，协调好“发展是硬道理，稳定压倒一切”的辩证关系，首先搞好中华民族精神共同体和命运共同体的建设，确保中国社会稳定、民族团结、宗教和谐，形成我们和睦、共融的社会存在及精神家园，在世界上起到积极示范作用，为“一带一路”国际合作提供持久可信的民心和精神保障。

“一带一路”国际合作已经形成当前世界发展之全新文化现象，这种合作是广泛而深刻的，其意义深远而充满启迪。从经济意义上讲，“一带一路”国际合作首要考虑的是经济上的利益共同体问题，让世人意识到全球共同发展才是硬道理；从文化意义上讲，则必须有对人类命运共同体维系及发展上的文化的通盘思考，形成全人类应该努力实现其共同存在、一起发展的观念，因为“一带一路”的当下实践正是其是否可行及如何实施的试金石，对整个人类命运共同体大厦的建设会起到奠基作用。总之，我们有效推进“一带一路”国际合作必须要有文化意识，要以一种整体思维来全面考虑、综合分析，这样才能使“一带一路”走得更持久，其发展亦会更有成效。

发挥南传佛教区位优势　服务“一带一路”倡议

郑筱筠*

南传佛教在长期的发展过程中，形成了鲜明的宗教文化区位优势。这一区位优势不仅体现在传统意义上的东南亚南传佛教文化圈，而且在发展过程中，随着南传佛教在欧美国家的影响日益增大，这一区位优势的辐射力正在世界范围内发挥着越来越大的作用。

“一带一路”倡议涉及几十个国家，40多亿人，影响范围甚广，因此，在我国与“一带一路”沿线各国的交往过程中，我们应积极发挥南传佛教的宗教正能量，依托南传佛教的宗教网络组织，以宗教的区位优势来打造文化区位优势，与经济区位机制形成互补，辩证看待南传佛教的积极作用，建立宗教的“文化一体化效应”，在世界文明交流的平台上，打造南传佛教的文化软实力，建立深层的世界文化合作机制，形成平等包容的国际对话模式。这可以从以下几个层次进行。

一　辩证地认识到南传佛教的区位文化优势，打造南传佛教的文化一体化效应，正确对待并因势利导

跨境民族文化的传播容易形成地缘文化的认同。民族文化的相通性是云南与周边东南亚国家共同的现象。据不完全统计，云南的跨境民族有16个，为全国之最，这种复杂而交错跨居的民族分布构成了中国西南边疆特有的地缘政治和跨境民族文化模式。跨境而居的民族，彼此间有天然的族源认同和文化认同，为文化在不同国度间的传播和交流提供了极大的

* 郑筱筠，中国社会科学院世界宗教研究所副所长、研究员。

便利条件。从文化格局的分布来看，由于地缘、族缘和亲缘关系等原因形成文化一体化效应是正常现象，在内地常以差序格局形式出现，但在云南与东南亚各国接壤地区，虽然并未形成差序格局的特征，但也形成了自己的特点。就云南南传佛教信仰区域来看，其形成了以族缘、亲缘和地缘认同为主的地缘文化一体化效应，即以族缘认同为深层纽带，地缘关系为辅的文化交流关系。具体而言，就是形成了以傣族群文化为主，辐射周围布朗族、阿昌族、德昂族和部分佤族、彝族的南传佛教文化圈。在进行佛教活动时，虽然在不同地域有地域性特征和民族性特征，但是其文化核心却是南传佛教，从而逐渐形成地缘文化一体化效应。对此，应该因势利导，积极搭建文化交流平台，努力将中国与世界各国的对话、理解融入其中，产生中国—东南亚南传佛教文化一体化效应。

二　努力搭建国际宗教—文化交流平台，正面宣传我国的各项方针政策

我们可以建立地缘—跨地缘的南传佛教文化交流平台，加强对话、沟通和交流，正确宣传我国的各项方针政策，让世界了解中国，让中国更好地与世界对话。

从国际形势来看，美国早已开始通过宗教向世界传播美国主流意识形态，现在也力图通过宗教的传播取得自己在全球的话语权。目前西方国家有时不能正确认识我国的民族宗教政策，甚至以双重标准对待中国反恐等活动，企图在国际上打造一个负面的中国政策形象。对此，我们要正确地宣传我国的民族宗教政策。当我们在思考宗教在对外发展战略层面的地位和作用时，还需考虑到在转型时期，宗教能够在中国对外战略、公共外交的哪些领域或哪些层面发挥作用。

历史经验和宗教发展史表明，宗教文化在国际传播领域中的重要价值就是输出思想和核心价值观。就亚洲佛教信仰文化圈而言，佛教文化的内在黄金纽带使之具有非常丰富的共享价值观资源。例如，从地缘宗教的角度来说，东南亚地区形成了以信仰南传佛教为主的南传上座部佛教文化圈，泰国、缅甸、老挝、柬埔寨等国家与我国云南的 16 个跨境民族之间天然的族缘联系、地缘联系、血缘联系、文化联系使之自然而然地具有内

在宗教文化的亲和力，而宗教文化活动的民众参与性特征可以消弭族群、语言和政治的边界，在共同的佛教活动中，增进相互的了解和交流。此外，近年来，我国南传佛教开始较为注重僧才的培养，已经建立培训中心和各级佛教学校和佛学院，在培养满足信教群众需求的僧才的同时，也积极加大力度培养能够走进国际视野、进行国际对话的高水平南传佛教僧才。这在很大层面上就是在宣传我国的民族宗教政策。

三　通过南传佛教的文化区位优势，积极开拓多渠道的公共外交

在“一带一路”倡议的实施进程中，我国在与国际政治、经济、文化、社会体系对接的过程中，还存在一定程度的“短板”。因此，我们应该积极提升国际形象，克服我国在全方位的立体外交进程中的“短板”。从这一角度来看，南传佛教的文化区位优势可以扩大宗教的国际影响，以此开展我国各种公共外交。

南传佛教的“民间外交家”很多，不仅有东南亚与我国的跨境民族，还有在我国与东南亚各国之间进行政治、经济、商贸、文化交流交往的外籍人士，更有世界范围内南传佛教信徒及对南传佛教文化认同的社会各界人士。他们都可以成为我国的“民间外交家”。

四　以南传佛教的文化区位优势与经济合作交流机制相互配合，从而形成文化一体化效应与经济交流互补的深度立体机制

就我国与东盟国家开展的经济贸易关系而言，近年来我国与东南亚国家在经济合作方面卓有成效。其中具有代表性的是“大湄公河次区域经济合作”“东盟—湄公河流域发展合作”和“黄金四角经济合作”三种大合作机制，但缺乏文化机制的深度合作项目。因此，我们应该逐步建立文化机制的深度合作平台，贯彻执行我国“走出去”发展战略。中国南传佛教与东南亚佛教文化圈有内在的文化区位优势，它可以跟我国与东盟国

家经济区位优势形成互补，进一步全面推动我国社会与经济的可持续发展。

我们可以在文化交流的平台上，建立宗教向心力，增强宗教的影响力度，以民间外交的方式建立各种途径的公共外交，而不是使文化交流、经济项目的开展仅仅悬浮在政府和文化精英层面，要真正落实到"草根"，落实到百姓和信徒，这才是真正落到实处的外交影响力和文化影响力。

总之，综观世界宗教信仰版图，宗教力是各个宗教信仰板块的重要支撑点。因此，"一带一路"是个大战略，这个地带的发展与稳定直接影响未来的世界格局。我国对外发展战略可以依托南传佛教的宗教网络组织，打造南传佛教文化区位优势，与经济交流机制互补，甚至补充经济区位动力的不足，以世界文明之间的平等、宽容的理解和交流互鉴为文化合作机制的前提，积极发挥宗教的正能量，建立宗教的"文化一体化效应"，在世界文明交流的平台上，打造中国的文化软实力，建立深层的世界文化合作机制，形成平等包容的国际对话模式，从而进一步推动我国"一带一路"倡议的实施。

“一带一路”和文明多样性：团结与合作、冲突与抗争

［挪］列夫·曼吉尔*

徐海峰译　范丽珠校

引　言

“一带一路”是由中国最高领导人习近平倡导的国际合作框架，聚焦于中国与两大地区——中亚的陆上“丝绸之路经济带”和指向印度洋的远洋航行“海上丝绸之路”——主要国家之间的互联互通与合作。这一倡议凸显了中国努力在全球事务中发挥更大作用。

这一举措通过基础设施的建设、增加文化交流以及扩大贸易等方式呼吁不同地区加入一个紧密结合的与中国相连的经济带，这显然意味着中国正在卷入有着不同历史、传统与国家的文化区域和文明中。不言而喻，挑战将在各层次出现。

本文中我想讨论如何理解“一带一路”，如何理解“文化互鉴助力经济发展”。当我们试图用经验性内容对概念的表述进行阐释时，将会看到什么。

文　明

本文讨论的是有关“文明多样性”的问题。从长远看，“一带一路”

* 列夫·曼吉尔（Leif Manger），挪威卑尔根大学（Bergen University）社会人类学系教授。

倡议是一个理解文化问题的邀约。然而，我们应该意识到，文明概念本身就存在着某种偏见。例如，在对文明的经典研究中，有一个内置的概念，即文明是以文字和城市生活为特征的①，再加上进化论的偏见，引导我们将不同文明划分为三六九等，并高置于"非文明"之上。与原始社会不同的是，文明是动态的而不是静态的②，是由某种特定的人类思想或情感（物质、精神或者两者兼有）形成的秩序③，主导着人类文明各个不同历史阶段；或者代表了一种特别的产生剩余价值的经济体系④，这些仅是一些经典的观点⑤。第二类偏见是西方中心主义支配着这个概念的使用。这种进化论体系的高潮当然是按科层组织的世界资本主义制度的出现。⑥ 这种观点也因为其自身偏见而受到批判，尤其是带着欧洲中心主义的历史观，将人类的大部分视为"没有历史的民族"而排除在外⑦；而且，这种观点严重偏向经济因素，从而否认了文化活力的重要作用。杰克·古迪（Jack Goody）讨论了同样的问题，指出西方霸权不是永久性的，只是历史长河中的一个片段。他进一步说道，在关注目前的西方霸权时，同样要认识在历史上不同时期东方曾经处于优势地位的问题。⑧ 古迪讨论了东方文化中存在的理性精神，而兰道尔·柯林斯（Randall Collins）则讨论了亚洲的资本主义道路，指出在日本历史上佛教如何扮演了和西方基督新教类似的角色。⑨ 古迪和柯林斯这两位学者认为，文明研究中所展示的西方霸权的文化主义解释是行不通的。

一个典型的偏见是，不同文明相遇就会产生相互紧张和冲突的观念。

---

① 参见 Carroll Quigley, *The Evolution of Civilizations*, New York: Macmillan 1961。

② Arnold Joseph Toynbee, *A Study of History*, 12 Vols, Oxford University Press 1934, p. 61.

③ Pitirim A. Sorokin, *Social and Cultural Dynamics*, 4 Vols, New York: American Books 1937, p. 41.

④ 参见 *Carroll Quigley*, 1961。

⑤ Stephen K. Sanderson, *Civilizations and World Systems: Studying World Historical Change*, California: Alta Mira Press ed. 1995.

⑥ Immanuel Wallerstein, *Modern World System*, *Vol. I. Capitalist Agriculture and the Origin of the European World Economy in the Sixteenth Century*, San Diego: Academic Press, 1974.

⑦ Eric Wolf, *Europe and the People Without History*, Berkeley: University of California Press 1982.

⑧ 参见 Jack Goody, *The East in the West*, Cambridge: Cambridge University Press, 1996。

⑨ 参见 Randall Collins, *Macrohistory: Essays in the Sociology on the Long Run*, Stanford: Stanford University Press 1999。

文明冲突的理论是来自萨缪尔·亨廷顿（Samuel Huntington）。他的视角和问题是，不同文明在当代世界中扮演了什么角色。在他1993年发表于《外交杂志》上的题为"文明的冲突"的文章中，亨廷顿暗示了东西方之间两极对立的、争夺全球霸权的冷战已经被当今世界9大主要文明参与者之间的斗争所取代。它们是西方文明、儒家/中华文明、日本文明、伊斯兰文明、印度文明、东正教文明、拉丁文明、非洲文明和佛教文明。当今政治分野的关键不再是意识形态或经济上的，而是文化上的。人们越来越基于祖先、语言、宗教和习俗来定位自己。在其随后出版的《文明的冲突与世界秩序的重建》（1996）中，他试图显示文明间的碰撞如何构成了威胁，并用来自热点地区的经验分析来支持他的主张，例如，波斯尼亚、车臣、高加索、中亚、克什米尔、中东、西藏、斯里兰卡、苏丹以及许多其他地方。其中的一个预测是"国际关系……将不断变成非西方文明参与的一个游戏"①，在所有这些冲突中，西方和伊斯兰文明的关系将形成未来世界和平的主要威胁。

对亨廷顿观点的批评者也迅速提出反对论点，例如，历史记载显示文明内部的冲突要多于不同文明之间的冲突。其他学者指出，在亨廷顿的观点中，好像所有文明本身就是行动者，还重申，"很有可能，失落文明的隔绝和文化状况的怀旧意识形态，在一个孤立、断裂的文明中被用于动员争取权力和影响力的斗争中，而其意识形态既没有能力也没有意愿去创造一个聚合性的文化系统，更不用谈作为行动者一样的文化"②。亨廷顿对伊斯兰教的忧虑倒也契合西方把伊斯兰教归类于敌人的长期传统，批评者指出他的著作就是体现了东方主义如何渗透进世界政治的例证。

文　化

我们在这儿看到的是反对文明具象化的讨论，并指出有必要把文明看作动态现象，而不能简化为单一逻辑。这的确类似于人类学中关于文化概

① Samuel Huntington, *The Clash of Civilzations and the Remaking of the World Order*, New York: Simon and Schuster, 1996, p. 48.

② G. Wilkinson, "Civilizations are World Systems", In S. Sanderson, ed., *Civilizations and World Systems: Studying World Historical Change*, Walnut Creek: Alta Mira 1995, p. 254.

念的讨论。让我以全球化的争论作为例子。使我吃惊的是，全球化理论家在全球性模式中，有关文化在分析中扮演何种角色尚未得出任何清晰结论。王爱华（Aihwa Ong）认为，全球化争论很大程度上已经被社会学家和地理学者的结构性导向视角所支配。缺少的是产生、解决文化意义的行动者和多元方式。根据王爱华的研究，在当前全球化视角下，人类要么成为由技术主导一切的受害者，导致所有人看起来都是相似的；或者作为（各有特色的）当地人一样受到欢迎，因为普世性的资本主义力量在他们所居之处与地方文化斗争，产生了多元的现代性。全球化是经济的，地方性是文化的。王爱华认为，这样推理并没有捕捉到当代经济、社会和文化过程的横向的和关系的特质，也没有体现出全球化在不同权力配置制度中的嵌入性。看一看全球景象，她认为全球化研究是用来理解经济力量的——它产生了移民，鼓励外国资本投资的政治理性，以及人们的文化逻辑（这种逻辑产生了经验，并因此影响不同的生活世界或者不同的主体性的建构，借用两个当代流行的术语）。①

这样，全面挑战是找到相应的方式，通过对结构、系统性力量的分析，结合那些在很大程度上被系统力量塑造的、有意愿的行动者参与到生活世界。同时，很重要的是要注意到，民众是积极的行动者，其行动形成了这些力量。因此，我们面对一种长久不断的“结构—能动”问题的解释，从分析的角度来看，某些结构是人们行动的外在存在；而同时，这种外在存在也会受到人们意向的塑造。在塑造我们的现实中，文化、语言与技术同样重要；然而，这些分析应该如何建构，还没有达成一致意见。

因此，重要的是不要忽视对有意义行为的理解，或传统上被称作文化、主体性意义的理解。马克思主义的世界体系观偏重于经济和政治力量，尽管文化就在那里，但却像是经济、政治这些更基本因素的反映。研究文明的历史学家也许更为关注文化，但正如我们所看到的，他们也不免陷入了一种历史阶段论以及与社会复杂程度相关的进化论思维框架。当下流行的所谓全球化研究，处于主导地位的似乎更多的是注重结构性前提而不是文化动力。

对文化概念的挑战，实际上是确立有关意义的类型，通过把集体象征

---

① 参见 Aihwa Ong，*Flexible Citizenship*：*The Cultural Logic of Transnationality*，Durham：Duke University Press，1999。

编织到物质世界的实践中，以维持一种自足的生活形式。那么，我们需要做的是，观察这个以物质条件、技术、经济组织以及阶级结构为特征的、不断演化的社会，而社会则是由因宗教、神话、符号和语言所整合起来的人群构成。这一套象征符号使得有意义的沟通成为可能，不仅仅在某一个社会中，而且也在不同的社会之间。我们所追求的视角是，一种对生存环境的物质状况的理解，同时也是对不同主体之间的意义的理解。

理解区域性差异

但这并不容易，尤其是当我们面对幅员辽阔而又情况复杂的不同地区的时候。这正是实践“一带一路”倡议要正视的问题。在此，我想谈一些概念问题，而不是政治或者经济问题，后者将会在下面谈。对“一带一路”倡议的第一个概念性挑战，将中国与世界广大地区连接起来，与“区域”这个概念相关；那么，以灵活变通的视角来看待区域是非常重要的，以避免把区域具体化为固定不变的。“一带一路”的字面表述当然给我们一种整体的和稳定的感觉。但如果我们仔细审察“带”“路”这两个不同区域，就会发现这两个区域都显示出各自极大的多样性。下面让我解释一下。

中亚的历史牵涉了复杂的争夺领土控制的模式——通过战争和联盟、人口迁移（包括突厥—蒙古游牧民的持续涌入，突厥—蒙古人与长期处于游牧和沙漠绿洲生活的伊朗人混合、争斗），沿丝绸之路贩运货物，以及错综复杂的宗教交融（包括佛教和祆教，在 8 世纪部分地被伊斯兰教所取代，以及 18、19 世纪的俄国东正教）。在 20 世纪，边界被赋予了族群特质（ethnic character），因为苏联和中国都引入以民族—国家分类为基础的行政区划。苏联 70 年统治带来了苏维埃体制的印记：举几个例子来说，快速的城市化与工业化，集体农场制度（集体农庄和国营农场），以及大众教育。但是，改革主要是在说俄语的都市居民中，而农村人口则维持低标准的生活。苏联解体后，新产生的民族国家主要是在苏联传统基础上构建现代政治制度。政府在转型能力上信念坚定，他们全力以赴改造社会关系，尤其是在政治经济领域，改变工作关系——从传统和历史关系转变到劳资关系，从维持自给自足种植到发展经济作物；他们改变了土地关系，通过增加政府控制的方法，也试图进行私有化。总的来说，他们试图奉行一个威权主义的社会工程体系，旨在把人们带入高度现代化生活，而现代化主导着当今世界的想象。就像在中国一样，政府变成了发展和阶层流动的重要工具。但随着苏联解体和中亚民族国家的出现，我们看到新的中心—边缘关系在多数对少数的冲突基础上充满紧张，认同政治的出现卷入了争夺社群代表的斗争，并由此出现了世俗和宗教代理人模式之间的冲突。这些历史性变化已经产生新的宗教情景、新的经济景观、新的互动模式、新的意义体系；思想、商品和人员的流动，受到多种不同边境制度的管理［我的经验主要是来自塔吉克斯坦，尤其是有着伊斯梅利（Ismaili）人口的帕米尔高原，这与穿越边境进入阿富汗和中国新疆，尤其是塔什库尔干地区的其他伊斯梅利人有关］。

如果转向海上丝绸之路，我们将一路走向印度洋。从中国到东南亚以及印度洋地区，由古老的商路所界定的航线，很大程度受季风的影响，会把小船带到不同地域。这些连接可以追溯到古代，自伊斯兰教在此地兴起后商贸活动就变得频繁，尤其是公元1000年以后。[①] 如果我们从西方的角度看，我们看到贸易路线从中东（巴勒斯坦和叙利亚）开始，在向两条路线分流之前经过阿拔斯王朝（Abbasid）的首都巴格达。第一条路线经由陆路，穿过波斯（Persia）后再次分道，一路到中亚，另一路到印度。第二条路线转向是南方，沿着底格里斯河到达波斯湾，最终到达印度洋。再往北，另一条主要的路线横穿大陆，直达土耳其、黑海、里海地区及中亚。这三条路线都通向中国，著名的有阿拔斯和唐朝时期的联系，以及后来的，例如公元1400年之后的明朝，由郑和下西洋所代表的海上丝绸之路。我研究过南线［在印度洋的哈德迷思人（Hadramis）］[②]，在这条线我们看到穆斯林商人和海军航行到印度，开始了穆斯林和印度文明的遭遇，在西边是信德省（Sind）和旁遮普邦（Punjab），在东部是孟加拉。中亚和西亚蒙古帝国的衰落抑制了这些从前十分重要的大陆商路的发展，而让印度洋变成重要的旅行、贸易和学习的区域。印度洋西边被来自阿拉伯海岸小镇的穆斯林商人和船主所掌控；中间地区连接印度海岸和东南亚

---

① K. N. Chaudhuri，*Trade and Civilization in the Indian Ocean*：*an Economic History from the Rise of Islam to* 1750，Cambridge：Cambridge University Press，1985.

② Leif Manger，*The Hadrami Disaspora*：*Community-building in the Indian Ocean Rim*，New York：Berghahn，2010.

苏门答腊岛和马来半岛的印度教区域，东部线路连接爪哇岛（Java）和中国，由此把穆斯林带进佛教和儒教地盘。到13世纪末期，城市国家出现在说马来语的东南亚，传播伊斯兰教，同时为欧洲提供香料。两个世纪以后，伊斯兰教开始渗透到爪哇社会，不过其遭遇到的竞争者不同于沿海城镇那样是欧洲商人，而是印度—佛教文明。

力量、关系和想象力

但我们如何在经验层面处理这些差异呢？为了探索上述情形所内含的复杂性，我发现迈克尔·布萨沃等人（Michael Busawoy et al.，2000）的著作非常有价值。[①] 在他编辑的《全球民族志》中，布萨沃聚焦于其称之为“力量”（forces）、“关联”（connections）和“想象力”（imaginations）的三个方面。以此为起始点，我们看到全球化力量的连续性和变异性——体现在经济、政治和文化方面。我们也能更好认识到这些力量如何通过关联在世界具体空间的联系中而存在，从而确认人们对全球化进程的反应和想象力。通过长时段的历史视角审视这些因素，有利于一个历史背景下由理论推动的宏观民族志发展，把比较历史和民族志联系起来，从中我们观察到重构的瞬间，以及什么样的观念和话语在此时期发展出来。我们看到任何发展都会出现很多意想不到的后果，由此也可以预料在如此宏大的“一带一路”倡议面前中国将面临的挑战。这也意味着我们必须进行广泛的比较性工作。重要的是要提醒我们注意这样的基本事实——对社会和文化连续性或者差异性的描述与对其进行解释是完全不同的两回事。对根本机制的探寻要求我们对所涉及的文明比较进行不同层面的理论解释。很大程度上要取决于我们如何理解所使用的概念，例如本章节标题中所提到的概念——文明和文化。下面，让我们简要地探讨一下在经验情境下的文明和文化这两个概念。

---

① Michael Busawoy, et. al., *Global Ethnography: Forces, Connections and Imaginations of a Post-Modern World*, Berkeley: University of California Press, 2000.

案例：中国—苏丹

转向经验方面，我会尽我所能地告诉大家，引用苏丹的例子要说明什么。我知道这可能有些离开了“一带一路”倡议的两条主要路线，也许更接近中非合作论坛（FOCAC）的内容。中非合作论坛始于2000年，是中国和非洲合作的平台，当然这种战略伙伴关系主要聚焦经济关系和贸易纽带。而我所介绍苏丹案例的目的不限于纯经济领域，我想说明哪种类型的关系在这两个国家之间发展，并显示某种关系如何既包含着机会也有严重的掣肘乃至引发冲突。这些例子，以简要和描述性的方式呈现，尽量把那些经验性的事实带入某个特定案例，我们能从中观察到中国的实践所面临的多样性情况。

我们从官方声明开始，这体现了中国方面如何看待这些关系。中国的长处表现在，其意不在于搞殖民主义那套把戏，而是力图带来和平与发展。正如2014年习近平主席在德国的一次演讲中所说的①：

> 中华民族是爱好和平的民族。一个民族最深沉的精神追求，一定要在其薪火相传的民族精神中来进行基因测序。有着5000多年历史的中华文明，始终崇尚和平。对和平、和睦、和谐的追求深深植根于中华民族的精神世界之中，深深溶化在中国人民的血脉之中。中国自古就提出了“国虽大，好战必亡”的箴言。“以和为贵”“和而不同”“化干戈为玉帛”“国泰民安”“睦邻友邦”“天下太平”“天下大同”等理念世代相传。中国历史上曾经长期是世界上最强大的国家之一，但没有留下殖民和侵略他国的记录。我们坚持走和平发展道路，是对几千年来中华民族热爱和平的文化传统的继承和发扬。

正是因为有这些特质，中国宣称其发展既不同于美国，也不同于日本。由此，中国历史命运重现，将造就一个强大的、有力量的、受尊重以

① Merriden Varrell, Chinese Worldviews and China's Foreign Policy, Report, November 2015, Lowy Institute for International Policy, Sydney, p. 6.

及和平的中国。"一带一路"倡议的提出向世人证明了，中国已经克服了曾经的积贫积弱状态。像其他世界强国一样，中国的发展依靠企业家，同时也在国际局势的各种矛盾中寻求突破。但是我们不应该走得太远，以历史演变来解释一切，好像真的是历史重现；显然，还是有很多当代因素卷入进来。这里，我想用中国—苏丹关系的特殊案例来揭示当两国关系从政治辞令转向经验现实层面时，是如何表现出变动不居的状况的。这些观察当然不是只就中国的情况而言，而是借助一般性概念陈述来区分两种情况：认识世界的规范性陈述与更具分析性的视角对同一世界的理解。中国—苏丹之间关系包含很多内容，在此，我的研究仅限于三个方面：石油、大坝和小规模贸易。

探寻资源——寻找石油

在全球体系中，没有什么资源比石油更重要。对中国来说也是如此。2011年，中国石油化工集团公司在厦门召开了一次会议，我有幸受邀介绍中国在石油方面有投资的那些国家的"政治风险和不稳定性"。会议主办方希望我谈论伊朗、伊拉克、也门和苏丹。这个问题当然涉及中国在这些国家政治方面的影响，从地面石油设施问题到相关国自身的国内不稳定状况，以及相关地区性和全球性的紧张问题。下面，让我概述一下有关苏丹的一些情况。

伴随着新的发展政策出台，中国自身的石油储备已经不能满足其不断增长的需求，而中东和非洲成了中国可以得到石油的地方。苏丹就是其中之一，两国之间的关系在20世纪90年代得到了突破性发展。在这里不可能详述两国关系史的诸多细节，我仅介绍一些整体的发展状况，说明中国如何参与并卷入苏丹石油领域，还包括苏丹的其他方面。

苏丹政府长期以来一直处于危机中。内战、干旱等已经使其付出代价，尽管有石油收入能够帮助缓解困境，不过政治危机看起来还在加深。部分危机来自敌对党派之间的内战——苏丹政府（GOS）和南苏丹人民运动/军队（Southern Sudan People's Movement/Army，即SPLM/A）。与危机有关的分歧，比如公民权利问题，该问题在有关社会的种族角色和性别角色方面的争论中得到戏剧性的发展。这种问题既提供了一种文明冲突类型的视角——阿拉伯穆斯林的北方相对于基督徒非洲人的南方；也造成了文化类型的问题——苏丹人公民权问题被特定文化认同的事实弄得复杂化了，非穆斯林和非阿拉伯人被视为这个国家的二等公民。

当然，还有很多其他问题。比如地方和区域自治问题、教育问题、土地问题，以及总体的发展问题。两党在这些问题上代表着截然不同的立场，苏丹政府代表阿拉伯和穆斯林倾向的政体，南苏丹人民运动/军队对这样的政权基础持有异议。事实上战争本身就是因为这些差异而发生的。2005 年达成和平协议，其中的条款包括允许南方就退出苏丹进行公投，结果南北苏丹变成两个国家——苏丹共和国（Republic of Sudan）和新的南苏丹共和国（Republic of South Sudan）。

在旧的北方苏丹，喀土穆（Khartoum）政府告诉我们，随着南方问题的解决，保留下的苏丹部分会变成一个期望已久的、统一的伊斯兰教的阿拉伯国家。伊斯兰教教法（Sharia）将会决定这片土地的规则，人人都会永远幸福地生活着。很明显，这一召唤是基于对统一的苏丹文明的信念，并非每一个苏丹人都赞同的结论。那些不赞同这种看法的人曾经是南方叛乱者的合作伙伴，他们来自努巴山（Nuba Mountains）、青尼罗河（Blue Nile）和苏丹达尔富尔（Darfur）。这些地区的人持续着早先卷入的武装斗争。即使在苏丹北部地区，尼罗河沿岸地带，计划要建造新的大坝，以期带来统治者所梦想的经济发展，也出现了抵抗运动。而在与独立的南苏丹之间，内战以边界争议的形式断断续续地持续着。像在阿贝（Abyei）地区那样的领土争端在持续，并且至今仍未能解决。苏丹作为受到国际社会排斥的国家而存在着，国际刑事法院（ICC）对总统巴希尔（Omer Beshir）的裁决就是一个例子。

现在的情况如何？2017 年春天的情况如何？南苏丹持续混乱，国际协调人员介入并向相关责任者发出呼吁；北苏丹的问题也在继续。无论南方或北方都没能因为业已分裂成两个国家，让他们的区域更接近于同一种文明或同一种文化。复杂性在继续，时而和平，时而暴力。我们无法谈及苏丹的所有情形，让我回到石油和中国与苏丹之间的动态关系。

国家层面的快乐状态

首先，苏丹当局对两国关系非常满意。苏丹石油部长穆罕默德·扎伊德·奥德（Mohamed Zayed Awad）2016 年 8 月谈到，中国公司已经占有苏丹 75%的外国石油投资。在一次中国行后，奥德告诉记者，几家中国公司将在苏丹进行新的油气方面的投资。他说，中国石油天然气集团公司的一个代表团将于 2016 年 8 月 25 日到达喀土穆，来探寻新的投资机会。这位部长还说，中国石油天然气公司在很多区块寻求探测石油和天然气，包括白尼罗州（White Nile state）的第 25 区块，森纳尔州（Sennar state）的第 8 区块以及西科尔多凡州（West Kordofan state）的第 2 区块和第 6 区块。陪同奥德部长访问中国的苏丹总统中国事务助理奥德·艾哈迈德·贾兹（Awad Ahmed al-Jazz）说，苏丹政府已经在各领域为中国投资者安排了 170 个项目，还说他们在开展健康、农业、石油、采矿项目外，将商讨建立免税区、工业区和港口的可行性。“我们的一个代表团去中国，除了很多高级官员外，还包括财政部部长、央行首长、石油部部长、国家外交部部长，我们和中国方面磋商，最终达成一致意见”，他说。

毋庸讳言，这些观点代表了掌控国家的政府和政治精英的态度。但是关于中国参与苏丹石油领域，其他人还有别的看法。

不快乐的牧民

中国在苏丹投资的主要石油地区是在科尔多凡（Kordofan）西南的黑格里（Heglig）。这一地区是西苏丹的一部分，牧民群体为了寻找水和牧场而来到这里，其迁徙路线是从北部沙漠到南方富饶之地。迁徙过程中，他们跨越农业种植地区。就经济策略而言，畜牧业当然是基于实用选择的一个复杂适应过程，但也与社会文化基础相关，对他们而言迁移不仅为了牧场和水，也有源于文化根源上追寻自由和幸福的意识。制度上的干预总是会造成冲突，与农民之间的矛盾或者与政府方面的冲突。这令我关注起中国在苏丹的石油方面的活动。

如果进入黑格里的特定区域，我们看到石油勘探已经对环境和牧民生活产生了某些不利的影响。石油设施（钻井工地、管道和路基）在设计和建造时没有考虑对当地民众生计的影响。管道建造在农田和畜牧区域，家畜牧养路线被阻塞，林区、农田和好的水源都有减少，流到农田和畜牧区的水受阻。因此我们可以说在米塞利亚（Dar Misseriyya）的石油勘探已经多次被描述为生态毁坏和社会破坏。对建筑材料和燃料的需求给已经过度使用的森林资源带来进一步压力，因此导致了畜牧业的生态边缘化。新区域已经被指定用作石油开采，如此巨大的土地占有将对畜牧资源产生更大的压力，并且对牲畜迁移带来更大限制。据估计，油区大约有60%的牲畜（约1000万头）受到石油开采活动的影响，传统上它们要在这片区域活动达5个月之久。相当多正在运作的油井坐落在牲畜迁徙的路线内，对每年的牧人迁移周期产生相当大的破坏。

这个畜牧生产系统受影响程度的例子，很明显代表了我们称之为“米塞利亚（Misseriyya）文化”的一个基本部分。由此，石油设施和石油相关活动的影响，可以说干扰了那种文化再循环的可能性。

当然，石油开发也产生了新的就业机会，这实际上加速了米塞利亚地区人的返回，这些人原本生活在尼罗河沿岸苏丹的中心区域。从20世纪60年代开始，生活在米塞利亚的年轻人，由于高失业率所致，参加苏丹军队或者到中部苏丹去寻找工作。20年后，石油开发促使黑格里工作市场的繁荣：石油公司雇佣大约1000名工人，石油勘探带动了相关产业工作的出现。在过去几年，管道沿线新马路的开通鼓励了更多人进入此区域。由此，当米塞利亚地区的畜牧业承受压力时，新经济可能性被视为对此区域长期就业形势的积极贡献。不管怎么样，畜牧业看起来适应了压力，无论是来自石油、气候变化，还是在整体发展过程中，让人们获得其他可能的机会。新就业岗位的积极贡献是人们能离开畜牧业而进入其他行业就业，这种效果是正面的。

中国面对南苏丹的混乱

在干旱季节，米塞利亚人的迁徙路线带着人们进入南苏丹。和其他牧民、农民的接触交流，意味着和南苏丹身份认同的碰撞。这种碰撞以很多种方式来表达，但在最近的苏丹历史中，这些群体经常卷入苏丹南北内战。米塞利亚人（Misseriyya）作为阿拉伯穆斯林属于“北方”；反之，这个族群在“南方”则被视为非洲人而且是非穆斯林。由此，南方和北方的碰撞点也就由族群和宗教来定义，并变成了内战的一部分。在内战中，南北苏丹之间新边界经过我们谈论的区域。由于油田主要是在这一片被开发，内战之后变成两个不同的国家，也影响中国的石油利益。多数油田最终划归南方，这也对中国石油业务产生影响。

随着南苏丹取得独立，中国快速寻求改善与新政府的关系。北京预期以及希望的关系主要是贸易、投资和资源开发。这点是重要的，正如我所说过的，在南苏丹独立之后，很多存在于“旧苏丹”的油田最后都在边境线南边。值此利益攸关时刻，中国向位于朱巴（Juba）的南苏丹政府发出友谊信号。但是2013年12月南苏丹在仅仅独立两年后爆发内战，两个部落之间的残酷战斗紧随其后。早期受害者之一是石油工业，占国家日产值近一半的石油生产很快由于战争而停产。

中国是怎样应付的？相比15年前，目前南苏丹石油在战略上对中国不再那么重要，南苏丹也远离对中国最具吸引力的非洲国家投资目的地。但是中国并没有退出苏丹，而是努力地采取各种办法解决苏丹不断增长的冲突。这里只提几个例子，他们为东非地区性组织政府间发展管理局（IGAD）提供资助并协调其策略，从2014年到2015年在埃塞俄比亚协调和平谈话，旨在结束内战。中国也派遣军事人员到东非政府间发展管理局的监控核查机制（Monitoring and Verification Mechanism，MVM）），负责监督不稳定的休战协定。中国政府联合来自美国和欧盟外交官讨论两全之策。

当然，仅仅从经济利益的角度，中国在南苏丹发挥作用依旧具有极大的重要性，但不能仅凭这一点来解释中国在南苏丹和平进程中的参与程度。中国对东非政府间发展管理局的贡献和他们参与和平进程表明了中国旨在保持与非洲，尤其是东非的长期关系，以及希望和平的态度。保持和平、解决冲突以及支持非洲地区政府间组织是一个负责任的全球成员的应有之义，中国外交官和公务人员在此进程中发挥着重要作用，以助力非洲向前发展。

中国的学习过程

值得注意的是，我们在南苏丹看到的并非全新的发展情况。早在20世纪90年代，中国就深度卷入苏丹的石油和一般政治中。那时中国和当时的苏丹政府在石油开发上达成协议。因此，从南北苏丹内战的早期开始，就严重影响到中国在苏丹石油领域的安全状况和石油工人的安全。2012 年黑格里受到南苏丹军队袭击，据说是对早期苏丹军队袭击的报复。这次事件中受伤害的是苏丹人和南苏丹军队士兵。但是，暴力对于在这个区域的中国人来说并不是新鲜事了。他们已经在达尔富尔冲突中经历了武装群体的袭击，并且有人受到伤害。我这里指的是 2007 年 12 月份的一个严重事件，来自达尔富尔正义与平等运动（JEM）的武装叛乱群体袭击了中国长城钻井公司运营的黑格里石油设施。正义与平等运动的领导人宣布，他们对攻击行动负责，因为中国支持政府反对 JEM 叛乱的军事行动。最严重事件发生在 2008 年 10 月，当时一个不明身份的武装群体实施了攻击，中石油公司 9 名员工在一施工现场被绑架，最终 4 人惨遭杀害，4 人被营救，1 人失踪。因此，正如我们所看到的，达尔富尔危机在 2002—2003 年暴发后升级，暴力形式变得非常复杂。随之发生的情况，众所周知。关于种族灭绝的指控激增，苏丹遭受的国际压力增加，最终海牙国际法庭（International Court of Justice）指控并起诉苏丹总统“反人类罪”等。

在达尔富尔地区战争期间，我们感兴趣的是观察中国处理这些事情的方式。早年，中国政府曾经无条件支持苏丹政权，也包括苏丹地方政权；同时在联合国安理会阻止对苏丹政府实施制裁。但是随着时间推移，中国受到很大的压力，其对苏丹政府的态度也发生变化，越来越表现出批评性，赞同联合国通过批评性的解决方案；任命特使和国际社会合作，参与对交战双方的斡旋和停火的调解，同时施压给喀土穆政府，接受联合国维和力量驻扎达尔富尔，并向苏丹派遣中国维和部队。

尼罗河的大坝

中国海外投资另一类，是以大坝建造为代表的。① 当然，建造大坝是中国公司和其能力得以展现的策略，也使中国政府卷入该区域的政治之中。正如石油勘探和米塞利亚游牧民那个案例，我们在尼罗河沿岸看到整

① 参见 Tamer AbdElkreem，*Power Relations of Development*：*The Case of Dam Construction in the Nubian Homeland*，*Sudan*，Ph. D-thesis，Bayreuth University，2016。

个进程也深陷于地方和区域性的文化和身份认同的情境，在该地区生活的是努比亚人（Nubian）。苏丹北部，尼罗河沿岸的地区，是一个远离人们谈论的该国家那些充满暴力的区域。在某种意义上也就不难理解，作为河滨苏丹的一部分，该区域产生了国家的政治精英。因此，这个区域处于苏丹政治的优势方。但今天看这个区域，我们看到使其变得不稳定的因素是建造大坝。这又一次代表了在苏丹政府掌控范围内的有趣发展。第一，它引入中国作为大坝的投资方和建造者；麦洛维（Merowe）大坝（中国国际水利电力公司和哈尔滨电力工程有限公司承建）的建造，由苏丹政府、中国进出口银行、阿拉伯银行和发展组织出资。中国也参与到计划兴建的其他水电项目，如凯吉（Kajbar）和达尔（Dal），中国水电建设集团——世界上最大的水电公司参与进来，投资可能涉及中国进出口银行。我之所以简要提出这些，目的是显示中国在苏丹的存在代表了在此领域足以对抗西方国家的资本力量。中国在苏丹石油部门立足已经很长时间了，因为苏丹是最早认可中华人民共和国的国家之一。不结盟国家在1955年万隆会议上的合作彰显了友谊，20世纪60年代周恩来访问苏丹是进一步的证明。20世纪70年代喀土穆友谊会堂的建造，以建筑的形式为友谊作证，正如与公路和桥梁基础设施同步发展的石油设施和大坝是中国与苏丹关系的当代展示。

第二，它代表了21世纪初期对苏丹政权政治的看法，伴随着9·11恐怖事件的发生和与南方全面和平协定的签订，以及达尔富尔危机的出现。这些事件的压力催生了一个新的看法，由官方思想家中的哈姆迪所代表。基本观点是，观察苏丹局势发展的趋势，然后就穆斯林兄弟们应该如何思考未来做出结论。基本结论是他们应该放弃苏丹统一的想法，让南方分裂出去，就像将来其他区域也可能分出去一样。然而，这种看法的前景就是为了确保无论旧苏丹留下来什么，政权都能够幸存下来。这一区域成为哈姆迪的著名“三角地带”，集中于那些已经在阿拉伯和伊斯兰国家权力控制的区域，其民众已经接受或选择这样的政权。沿着尼罗河的北部地区是其中一部分，往西去是科尔多凡（Kordofan）和加达里夫（Gedaref），往东去是卡萨拉（Kassala）和红海。政府应该在这些地方的现代化发展上大力投资，如各种类型的基础设施。在此背景下，北方的大坝建设吸引了人们的兴趣。作为现政权意欲发展这片土地的标志，他们似乎愿意在目前状况下维持国家的整体结构。对于哈姆迪及政权来说，他们期望大坝的建设能对“政权的生存和发展”战略做出积极贡献，以替代早期对旧苏丹领土进行“国家构建”的尝试。

然而，令他们意想不到的是，发展计划和大坝建造被当地民众当作与苏丹政府关系恶化的一个例子。事实上，这些发展过程中，许多人发现政府对待他们所在的地区和其他地区没有什么差别了。他们的和平抗议被忽视了，少数暴力抵抗案件遭遇了直接的暴力反制。因此，大坝地区人们对自己的认识是通过与其他地区发生的情况进行比较产生的：南方脱离苏丹独立、苏丹的其他地方出现武装暴乱，包括在南科尔多凡州、青尼罗河地区、苏丹达尔富尔地区。

北部的发展向人们显示了其政府的存在是基于强制手段，在其寻求主导地位过程中始终与传统社会结构处于紧张之中。但是，地方的抵抗仍然是建立在地方现实的基础上。大坝被认为是对这个区域历史上形成的适应能力的威胁，人们的传统适应能力是以特定的方式利用“沙漠和播种”。人们认为大坝建造以两种方式对适应能力构成威胁。首先，建造大坝危害了尼罗河沿岸的适应性，威胁了土地和棕榈树资源嵌入社会文化环境（亲属关系、社会安全、信仰等与村庄的关系与认同）的方式；其次，在“沙漠”中的新区安置点被视为一个威胁，因为它卷入了作为危险地带的沙漠。因此，大坝建造和人们与生俱来的本体论观念相冲突——有关他们是谁，一个安全社区意味着什么，有风险和不安全的区域是什么。此问题在经验上不同于我们此前讨论过的情况，但是基本上还是同类的问题，关于人与其生存空间的关系。根本的一点在于，当人们改变其生存环境时，他们也在改变着自身。在这样一个视角下，适应性的做法和表现变成了带着人们主观和想象意涵的艺术形式。这也可能成为抵抗政府的基础，而政府则被视为镇压机制、制度性权力和社会控制的体现。

至于与苏丹其他地区的关系，注意到人们受到各种来自政府方面的影响。在建大坝的案例中，则体现在大坝建设与发展的国家政策上，受到当地民众的反对——保护他们的家园和神圣的土地，避免受到各种形式的“整合”和“政治发展”。随着北部的不稳定以及跨地区人口流动的增加，这将成为未来另一个值得关注的领域。对于中国，这些也一样是值得关注的。

在义乌的苏丹商人

我的第三个例子[①]也是解释影响苏丹经济机会的合作，但具体的活动实际发生在中国。我的研究是关于苏丹商人的个案，他们抓住了中国商贸城的发展所提供的新机遇。像早些年中国人移民到东南亚、美国等地一样，苏丹人也移民他国去寻找更好机会。这些新苏丹群体在小规模商贸货物交易中找到了位置，传统上小商贸由被称为"披风帽斗篷的吉拉巴（jellaba）"商人所垄断，而这也被认为是从尼罗河谷起源的。[②] 中国的发展极大地扩展了贸易范围，把一些新手带入此类商贸活动中。在中国，城市的发展是市场经济发展的结果；而中国不断融入世界经济体系，大量新市场涌现，令中东和非洲贸易者从中受益。这些苏丹商人也受惠于中国人有秩序地安排经济开放政策的方式。中国南方创立的经济特区（深圳、珠海、汕头和厦门）在扩大商贸中扮演着非常重要的角色。非洲商人在香港、广州、澳门和义乌建立贸易站，得益于地方省市和中央政府提供的服务。苏丹的商人也参与进来，他们主要从事制成品进出口的贸易。首先，有些商人已经在中国设立贸易机构并获得工作签证或长期在华居住的许可。其次，出现了将商品进一步细化分类的推销人员，来往于中国和自己的家乡，持商业签证允许在中国滞留 3 个月。有些人很清楚他们在中国需要寻找哪种类型的商品，故仅在中国待上几天就将商务处理完毕。对在义乌获得成功的年轻苏丹人来说，是进入成年期成功的一步，而失败带来的则是耻辱。很明显，这些携带家眷生活在义乌的人和那些短期逗留者不同，后者需要依赖那些定居在义乌的商人提供服务。他们和中国人的关系也在变化中，从正面到负面兼有，一些中国人指出在其他城市存在着非洲人造成的混乱，也有人强调义乌很平静祥和，是一个经商的好地方。一些

① Leif Manger, "Seek Wisdom Even Unto China", Some reflections on the Sudan - China Relations and the Implications for Sudanese Development, Paper presented at Annual Conference for Post-graduate Studies & Scientific Research in Humanities and Education Sciences, entitled "Towards a Confident Renaissance", University of Khartoum, 25-28 February, 2013.

② Leif Manger, ed., *Trade and Traders in the Sudan*, Bergen: Bergen Studies in Social Anthropology, 1984.

人甚至感到惊喜，把义乌当作开创新事业的地方；他们会忙着跟城市中的其他人进行业务交流，在与中国人融合方面走出了第一步。最后，对义乌的兴趣也与生活在这个大都会的感觉相关，在这儿他们能够和世界互动，并与对未来成功的期许相伴。这确实是一个远离暴力之地，而生活又没有那么昂贵。穆斯林、基督徒和无神论者，非洲人、阿拉伯人和中国人，均因对市场的神奇信仰而聚集在一起。几乎所有人都是从事此类生意的第一代人，因此，在成年人当中不涉及从哪儿来的认同问题。但对于已经有孩子的家庭，则出现这样的情况，小孩子学习中国语言，和中国孩子一起玩，并且适应跟中国人相处的方式。

显然，如果这种适应持续下去，就是人们熟知的流散过程（diasporic processes）的开始了。在义乌的苏丹社群现在很年轻，还是第一代移民。因此，他们能够保持苏丹人身份认同。当第二代义乌苏丹人成长起来后会发生什么？第三代又如何呢？或许那时我们看到的侨居（流散）模式跟今天其他地方变得没什么区别了。或者，苏丹商人的社群将会消失。我们确实不知道，所以不能推测或作结论。只有时间能告诉我们将会发生什么。但当前的义乌，为我们提供了一个苏丹人适应中国式市场经济的案例，它所显示的并不是全球经济中大赢家，诸如石油勘探、建造大坝，而是一群小规模商业贸易者，通过利用全球经济的低端部分，从事改善生计的尝试。

第二个故事是关于低端全球化的影响。通过中国经济体的崛起，尤其是中国已经变成世界工厂的事实，在义乌进行买卖交易的商贸活动已经成为城市生活的一部分。这些在义乌的经商者通过商品贸易而帮助自己的国家，由此也为生活在苏丹的民众打开了接触世界消费经济的一扇门。因此，义乌处在世界制造业枢纽位置。吸引不少来自世界较贫困地区的人口来到这里，他们都希望通过参与商贸活动让自己和家人过上好日子。但形势是不稳定的，许多因素将对义乌产生影响。中国从出口导向型增长转向内需型发展的能力，中国的政治开放意识，都是影响像义乌这样地方的重要因素。中国需要来这里进行贸易的外国人，亚洲金融危机以及9·11恐怖袭击事件导致全球经济衰退，同时西方推出了更严格的签证管制制度，导致越来越多的贸易者流向义乌这样的地方。当下，义乌已经发展成为展示全球化经济的一个窗口。[1]

对于苏丹来讲，相比中苏在石油相关领域以及其他政府主导的宏观经济活动中的高调姿态，我所看到的义乌的商贸活动并未受到关注。事实上，作为与中国互联互通的一种新方式，令苏丹城市的商店装满了人们日常所需的商品。贸易者及其网络把全球商品与苏丹家庭的需要连接起来，影响当地的时尚并创造着“全球化”进程。在此进程中，全球化和地方化构成了新的综合体。但他们也带来了取代地方产品的商品，对苏丹的传统生产以及手工艺品产生压力，导致后者由于新产品的流行和低廉价格而逐渐消失。

在义乌的苏丹商人都是穆斯林，在清真寺和其他伊斯兰教活动场所也会遇到来自其他国家和地区的穆斯林。这里他们也能遇到中国的穆斯林（回族以及其他信仰伊斯兰教的中国人）并且与其建立商业关系。中国穆斯林也处在变化的状况中，有一些人与中东有来往，从中东的宗教生活中汲取灵感，建造像沙特阿拉伯一样的清真寺；其他人则坚持更古老的中国穆斯林传统。但苏丹人也是非洲人，他们受到中国对非洲来华人口的态度的影响。或者，他们可以把自己作为阿拉伯人，当然，寻找一个与中国—苏丹之间特殊关系相适应的位置。需要认识到，在全球化语境下的相互接触碰撞，对当下讨论的地区之政治经济构造是必不可少的，承认这一点很重要。苏丹和所有其他在华外国商人对中国特色的市场经济模式有着贡献，同时也是在帮助苏丹国内的发展。可以说他们是全球贸易的代理商，在人口流动的两端都在促进着地方经济商业化和组织变革。中国和苏丹都在这样的过程中发生改变。

发展中的关系

我们所看到的情况是，中国—苏丹关系不是静止的、完全基于单一的友谊路径，而是一种动态的关系，双方以及所有参与者都在种种机会和制约因素的大背景中定位自己。因此，研究的关注不应该是社会、个人或群

---

① G. Mathews, *Ghetto at the Center of the World*, *Chungking Mansions*, *Hong Kong*, Chicago: The University of Chicago Press, 2011.

体本身，而是产生特定类型权力组合的具体过程。在这儿我不能详述我所见识的故事，但是我们能够指出几类重要的组合，以便今后进一步研究。与苏丹政府相对应的是米塞利亚牧民、尼罗河沿岸的努比亚农耕群体或者和中国保持贸易往来的商人，而与中国人相对应的是同样的群体；同时中国政府对应于苏丹政府，而双方都会对应于全球性的国际社会，或者应该说是三种类型群体的集合。因此，很重要的是要避免想当然地认为哪种类型的力量卷入某种特定关系中，无论是永久和平还是长期的冲突。相反我们更需要关注相互依存的地带，其中物质和政治利益以及文化概念是彼此融合的，并且作为互相建构的结果而出现。

我们看到的是：若干结构化的博弈都可以分析，以便解释其建构的方式。作为人类学家，我们现在面临的任务与早期理解周遭世界的方式没有什么不同。以上讨论的不同类型群体交往的过程显示，在众多不同行动者之间出现了种种新形式的互动。当地的牧民并没有任何统一性，但是也被组织在一定的关系中，而这些关系可能在代际、性别之间、穷富之间充满着紧张。从这些当地的牧民到有着特殊利益和战略目标的国家政府，到不同层级行动者的全球网络；从民族国家、合法的国际贸易者，到罪犯，到非政府组织，直到联合国；他们之间总的趋势是使得这些全球化的群体通过网络（其中也包括本地的群体）相互交错在一起。

作为人类学家，我们对如此的情形能说些什么呢？我们不应该在“全球言论”中迷失，“全球言论”告诉我们阳光下日新月异；我们也不应陷入毫无根据的地缘政治的预言，无论是文明的冲突还是历史的终结。在此，我更愿意使用一些“人类学言论”——相关的行动者、利益和网络都能作为经验现象来研究，我们对相互之间的关联做出论断。这是我们作为人类学家的志业。所需要的是从时间和空间的视角看待人类适应的情况，从更宏大的文化史的意义上予以理解。通过这样的分析，我们得以观察到长时段与短期的因果，并讨论它们彼此的交互关系。这种过程可以从阐释学的角度予以描述（韦伯所谓的 Verstehen），或者在政治经济学背景下予以描述（马克思有关帝国主义及其扩散的理论）。人们并不是在整体结构之外活动，但每个人都是一个理性和建构的所在，值得我们对不同层面进行研究。从个体行动者层面到在不同规模体系内彼此相遇的行动者，受到不同潜在权力的支持。我的看法是，通过观察行动者的相遇，也就是跨文明的相遇，我们能更好地理解人们的交流，以及能关注互动的文化面向；不仅仅作为巨大世界体系游戏中受人操纵的傀儡，而是有意识地作为与"现存世界"斗争的行动者。①

我所描述的与苏丹相关的中国故事显示了中国在其"现存世界"中面对挑战的一些因素和例子。中国的定位也是在追求自身利益时卷入诸多层面特殊力量互动的结果。尤其重要的是，这样的能动过程充满着"始料未及的后果"。一些并不属于原来"脚本"的事情发生了，当然也会影响到中方的决策过程。为了理解此过程，我们不应该任由经济学家或者政治学家去解释。我认为人类学家能够有一定的贡献，并且，我们能够从文明和文化概念中受益，但是我们需要继续努力，创造出更为清楚的概念来表达我们的意思。我们都生活在社会网络重叠的世界——边界交叉、意义流动，今天每一个人的经历最终都会受到全球化进程的影响。但同时要注意到，人们对此过程的解释差异巨大，在不同的规模和层次上产生了多种效应。关键性的挑战就是如何恰当地认识这样一个进程——不要将认识限定在预先设想的某种动态关系中，而是将这些多重因素置于其所从属的、复杂的相互关系中来理解。

① Clifford Geertz, *Available Light: Anthropological reflections on philosophical topics*, Princeton: Princeton University Press, 2000.

中国人在非洲

袁　卿*

虽然中国和非洲的交往远至郑和下西洋的年代，再有早期迁移到毛里求斯、马达加斯加和南非等部分非洲国家的福建广东老华侨，还有 20 世纪六七十年代特殊历史时期走进非洲的援助人员，但中国人大批走进非洲不过是近二三十年的事情。在经济全球化影响下，受中非合作论坛推动，自 20 世纪 90 年代以来，大量的中国建筑工人、贸易商、援助人员等来到非洲这片遥远又陌生的大陆。初步估计，目前工作生活在非洲大陆上的华人华侨总数已逾一百万。由于语言不通、对当地历史和法律不熟悉、文化差异等原因，大多数华人群体处在与当地人缺乏沟通，画地为圈的封闭状态中。随着在非华人群体数量日益增长，华人社群与当地社群的关系成为舆论焦点。在中国迅速崛起，中国对外移民日益增加的时候，应当关心中国人与当地族群的关系，以及华侨华人族群内部的关系。族群间的和睦共处和族群内的同舟共济是华侨华人的最大利益，关乎华人华侨的生存与发展，也关乎中国能否顺利地和平崛起。

笔者长居东非国家乌干达 6 年，并不时出差到非洲东南部，有机会以一个参与者的身份经历和观察中国人和非洲人交往中的一些事，并通过深度访谈等方法对中非两个族群间的关系进行考察。本文将通过展现中国人和非洲人产生误解的几个侧面，分析非洲人和中国人眼中的彼此，折射出非洲华侨华人与当地族群的关系，并试图描述和解释两个族群间造成文化冲突的现象以及原因，探讨不同族群在交往中如何实现文化调适的现状、问题与发展。

---

* 袁卿，新华社驻乌干达分社首席记者。

中国人的“勤劳”和非洲人的“懒惰”

在2017年中国驻乌干达使馆某次迎新春外交活动上，当乌外交部国务部长奥凯洛了解到2017年是中国鸡年，鸡在中国文化中象征勤劳努力的时候，他在讲话中特意把这种品质单独提出来说，因为中国人的勤劳在非洲是一种非常不同的文化存在。

不得不说，非洲人整体上比中国人“懒惰”。很多人问我：非洲人为什么这么懒？我一般如此回答：中国人是这个世界上最勤劳的民族之一，在中国人眼中，不是中国人的其他人基本都懒，比如南美人、中东人，甚至欧洲人；非洲也有勤劳的人，比如在肯尼亚首都内罗毕的商务区，人们走路的步伐明显加快，在乌干达首都坎帕拉做买卖的闹市区，有的当地人开店比中国人开得还早；非洲自然资源丰富，大部分人不劳作也不至于饿死，为什么要像中国人一样终日忙碌？

乌干达 Ndere 文化中心的主持人说过这样一个经典段子：当世界银行、联合国等国际组织来乌干达的时候，他们看到维多利亚湖旁边有一个捕鱼的黑人，这个黑人每天只工作2个小时，其他时间都在睡觉晒太阳，于是这些外国人问：你为什么不用渔网来捕鱼呢？多捕的鱼为什么不卖掉，或者做成鱼罐头出口呢？卖掉的鱼或出口鱼罐头赚来的钱为什么不去买一艘捕鱼船进行大规模捕捞呢？这个黑人回答：你们做这些事情最终是为了什么？外国人说：等我赚钱了，我就可以在湖边躺着休息享受生活了。这个黑人反问了一句：难道我现在每天不是都在做着你们忙碌后一直想做的事情么？

由此，笔者想到，为什么我们的农业专家来做技术示范，当地人很难把稻谷种在一条直线上，并按照一定的株距来种植。因为在地大物博的非洲大陆上，非洲人从来都是习惯于农作物的自然生长，不需要如此密集地种植农作物，这种靠天吃饭的生存状态决定了非洲人的特有心态。此外，因为长期殖民和被援助的历史经历使当地人丧失了主动发展的意识。当然，如果有一定实力的农户希望通过发展商业农业来提高收入，我们会支持并给予技术指导，但是援助的目标一定是要找到对你的援助项目感兴趣的人。

中国人有着勤劳吃苦的品质，这是中国人在非洲做生意有竞争力的重要原因。笔者曾多次前往中国基建企业的项目营地考察，虽然这些项目营地的生活条件日渐改善，但这种全年无休的工作状态是西方公司的员工无法想象的，因此我们的成本低，价格上有优势。我们在撒哈拉以南非洲的中国公司比北非的中国公司要多，这主要原因是撒哈拉以南非洲国家更加缺乏发展资金。

笔者在此并不是倡导不工作图享受的生活方式，只想说非洲人因为自然环境、历史和现实等原因，造成了很多中国人眼中的“懒惰”，而这样的“懒惰”正是非洲人的生活哲学。相反，面对中国人如此勤劳的习惯，很多非洲人也难以理解。他们不明白为什么中国人永远不用休息，不用休假，不用个人生活。因此也不难理解，鲜有机会和中国人接触的很多非洲人认为，来非洲工作的中国人都是囚犯，所以他们才会那么拼命干活。

由此可见，即便是在同一个问题上，中国人对于非洲人的误解和非洲人对于中国人的误解似乎一样严重。

非洲人的慢节奏和不守时

在中国人和非洲人日常相处过程中，有一个非常明显的差别：中国人嗓门大，性子急，而非洲人永远都是低声细语、不紧不慢，误会由此产生。

中国人觉得非洲人做事没有效率，非洲人觉得中国人没有素质，甚至虐待员工。笔者经常听到当地人说中国人如何“Abuse”他们，实际上就是因为嗓门大一点而已。根据嫁给非洲人的北京王女士的理解，非洲人的慢不仅是自身文化原因，也是受到西方殖民的影响。她举例说，在乌干达的一些部族文化中，女性蹲下都是慢慢地蹲下，以表示一种尊敬。在英国文化中，说话慢、语调平是绅士的表现。因此在非洲我们会看到，即便是最穷的人也有一套西装，讲话慢条斯理，尤其是看到穿着裤衩背心和拖鞋的中国人“发脾气”的时候，自然会觉得对方没有素质和教养。

“不守时”是所有中国人对于非洲人的印象，上至一国总统，下至平民百姓，没有时间观念的非洲人让很多外国人表示非常不适应。笔者曾经不止一次陪同有关人士拜见乌干达总统，在总统府等待数个小时甚至推到第二天的情况时有发生，总统或很多部长出席公共活动时一般都会迟到几个小时。当你和乌干达朋友约好见面，请务必在见面的当天再次确认约见事宜和具体时间，然后再做好等待两个小时的准备。因此，在婚礼等公共场合，如果请帖上写的是 5 点，那么 5 点可能是嘉宾开始准备出发的时间，抵达活动现场也许是 7 点甚至更迟。笔者曾经在东南非岛国科摩罗旅游，乘小飞机从主岛到其他小岛，在机场整整等待了数个小时，关键是连机场的工作人员都不知道飞机抵达和起飞的时间。即便是被称为“非洲骄傲”的肯尼亚航空，其飞机晚点也是家常便饭。笔者曾经问过很多乌干达朋友其中原因，得到的回复是：“非洲人什么都缺，最不缺的是时间。”王女士说，大部分非洲人没有正式工作，没有那么紧张的日程安排，因此没有时间概念。很多时候，中国人发现如果不希望被非洲人“放鸽子”，要不就是迟到，要不只能调整心态去面对和你不同的非洲人。

中国人的封闭圈子

在非洲，或许在世界上任何地方，很容易看到一种现象：中国人习惯于混中国人自己的圈子。

就拿中餐馆为例，中国人喜欢聚在这里。民以食为天，中国人走到哪里都喜欢先满足自己的胃，所谓“吃好不想家”，中餐馆就成为中国侨民联系情感的中介。此外，中国人在非洲的文化娱乐生活比较单调，晚上大部分时间都在中餐馆度过。另外，去赌场和打麻将也是不少在非中国人消磨时间的重要方式。

在中餐馆，有谈生意的，有喝酒放松的，有聊天八卦的；既有朋友也有竞争对手，有真情流露也有逢场作戏；婚丧嫁娶，喜怒哀乐，每个人的日常每天都真真切切地在这里发生。在中餐馆里，有装修考究的包厢，服务周到的中国服务员，还有来自中国的土特产和烟酒。在乌干达，大约有 2 万中国人常住，即便是很多人集中在位于农村的项目工地上，首都坎帕拉的中餐馆也有将近 10 家，而且数量还在不断增长。川菜、淮扬菜、西北菜、广东菜……火锅、烧烤、早茶……应有尽有。

中餐馆里的这些业务，主要都是对中国人开放的，做的也多是中国人的生意。真正能把中餐馆做得既能体现中国饮食文化又能本土化的屈指可数。在中餐馆的院子里，还有理发店、按摩房、KTV……中国人喜欢找专门的中国理发店去理发，而这些理发店也只接待中国人，其主要原因是：中国人担心当地人理发可能会伤到皮肤得艾滋病。笔者在乌干达首都坎帕拉的一些高端连锁理发店注意到，当地理发店对理发用具的卫生处理也相当专业，比起中国理发店要专业得多，也有很多白人在当地理发店理发。笔者也看到有印度人开的理发店，不仅有当地人光顾，也有很多白人光顾。这几年，乌干达的中国性服务提供者突然多了起来，据说也只服务中国人。虽然中国人也偶尔有找当地性工作者寻求刺激的，但寻求性服务的中国人大多还是找中国人。

在一些中国人和当地人共同出席的公开场合，中国人喜欢和中国人凑在一起，碰到当地人最多简单打个招呼，然后继续自己聊自己的。中国人和当地人的交往仅限于谈工作谈生意，很少会看到中国人和当地人一起去教堂、去商场、去酒吧……

值得一提的是，中国人的相对封闭是和所有人的隔绝，在非洲的大部分中国人和西方国家的人，甚至印度人、日本人之间也没有交流。比如，在乌干达有一个不同援助国家之间的机制化会议，各国会定期就乌干达政治经济环境和其援助政策等进行沟通和协调，与会的不仅有欧美人，也有日本、韩国人，但是中国人不会出现在这样的场合。笔者认为，即便中国的援助政策有其自身特色，但是去了解传统援助国家的政策、经验和教训等对我们是有裨益的，事实上欧美国家甚至日本在对非援助的可持续性和形象建设方面有很多值得借鉴的地方。此外，更多的交流和沟通也会赢得对中国援助政策的理解和认同。

中国人的“窝里斗”让当地人不解

非洲是传统的英法殖民地，俗称“欧洲的后花园”。《中国非洲》一书作者塞尔日·米歇尔认为，中国企业逐步把欧洲企业挤出非洲市场，这是中国人超低价格投标造成的，比如塞内加尔有个污水处理项目招标，中国人的报价还不到法国人的三分之一。西方作者对于中国公司的指责可能是出于商业竞争原因，但中国公司之间的确也存在竞争关系，如果过分竞争不仅让彼此无法受益，而且在当地留下不好形象。

国内有媒体报道："一些国字头企业互相倾轧，毫不相让，明知标价低到已经亏损，但为了把同胞公司挤出非洲市场，仍超低价投标。或者有的人是这样想的：亏了是国家的，也就是由全国人民埋单，中标就有奖金，就实实在在地把美元揣进了自己的腰包。"

在乌干达，曾经有一个某政府大楼的房建项目，因为两家中国公司的互相抹黑，当地报纸就此长篇累牍地报道，最终当时没有一家中国公司中标该项目。笔者的一些中国贸易商和开工厂的朋友经常抱怨，因为中国人从事的生意门槛低，当地市场容量有限，生意上的竞争者大多来自同胞，互相压低价格，结果大家都损失。在媒体高度自由化的乌干达，你不时会看到中国公司或个人发生纠纷上法庭的报道出现在当地媒体的重要版面上。就连当地主流媒体报纸的总编辑都曾问笔者：你们中国公司为什么要互相恶斗？她对此表示无法理解。笔者还曾经参与帮忙调解一起中国民营企业商业纠纷，双方各自把对方告到警察局且都不肯退让，该警察局局长也是发出了同样的疑问。

中国驻坦桑尼亚大使吕友清直言，相当多的中国人习惯性地窝里斗、不团结。他指出，中国建筑承包商往往是自己互相竞争，做买卖的彼此挖墙脚，相互诋毁，甚至有些企业还在当地政府内部去寻找代理人，各自收买一批为自己说话的当地官员。

此外，在非洲的中国人帮派思想严重。在乌干达，来自中国一个省的同胞有好几个商会，一个商会没几个人，也没有一家商会可以代表整个中国社区。当地政府和外国机构如果想联系中国商人群体，也不知道究竟要找哪些中国商会……很多商会说是为团结大家一致对外，实为形成自己的势力团伙，互相倾轧，互相拆台。乌干达报纸近期连续多天爆出中国人涉嫌非法营业，根据调查，此事为同行举报，甚至出钱动员政府和媒体各部门配合来对竞争对手进行曝光。吕友清大使举例说，2012 年，两家公司把坦桑尼亚的交通部部长、副部长同时搞垮了，它们为了争项目挑起正副部长的内斗，结果总统把两个人都撤了。这种做法会让当地人质疑所有中国企业的合法性问题，还促使当地权力部门和个人有机会谋取私利。

法律意识薄弱的中国人和选择性执法的非洲人

非洲因为受西方殖民主义的影响，其法律体系相当完善，法律意识深入每个人的骨子里，而中国人普遍缺乏法律常识，办事讲究灵活，这往往成为中国人与非洲人之间冲突和矛盾的来源。

非洲人不管是社会精英还是普通百姓，都有很强的法律意识，任何一件小事随便就去警察局甚至法院，不像中国人把去司法部门当作很大的一件事情来看待。在非洲，无论是招聘辞退员工，还是租房买地，一定要注意法律条款细节，一旦疏忽，就可能带来极大损失。比如说，按照乌干达当地法律，如果要辞退员工，需要至少两次出具书面警告信，还要对方确认收到警告信函，对员工的不满和追责需要有真实有效的证据。如果按照中国人的习惯性思维和做法，随便辞退员工或没有按照法律规定来辞退员工，雇主很可能会被员工告上法庭。

中国人没有法律常识是普遍现象，但还有人明知不可为偏要为，比如走私象牙等当地法律明令禁止带出国的违禁品。吕友清大使说，每一次坦桑尼亚说要抓走私象牙，使馆就紧张，因为总会发生这样的事情。他举例说，达累斯萨拉姆省的省长对他说，有一天省长看到警察当街拦住中国人的车，省长说你这样对待中国人太不友好了，就上去训斥警察，结果经检查发现发动机上绑的都是象牙，搞得这个省长都不好再为中国人说话。在机场出境，中国人常常被查行李。坦桑尼亚海关关长说，坦桑尼亚海关也不想这么做，这得增加很多工作量。然后他给吕大使看了一摞照片，中国人想方设法夹带象牙制品，有一个女的甚至在胸罩里面藏象牙制品。笔者身边也有类似事件发生，很多中国人除了没有法律意识，还存在侥幸心理，好像别人被抓的事情都不会发生在自己身上。

很多人知道，非洲虽然法律完善，但监管和执行不力，因此钻法律空子的大有人在。但是，非洲人自己可以选择性执法，一旦中国人不守法被抓住把柄，就会成为有关部门惩罚甚至敲诈的对象。比如，乌干达国家环保局是一个非常强势的政府部门，法律规定，乌干达保护包括湿地、森林、保护区在内的自然环境，任何工厂在开工前都要进行环境评估，涉及水源附近的投资就更加敏感。一般中国公司去申请环境评估，都需要通过第三方公司撰写环评报告，而这些第三方公司就是政府部门官员的小金库，因为办证都要收取“手续费”。甚至还有一些不法人士“钓鱼执法”，明知道审批项目所用的土地不是湿地却谎称湿地，借机敲诈中国公司一笔费用。除了环保局，还有移民局、税务局等，在这些和外国投资者有关的政府部门，乌干达法律常常会被利用来谋取个人私利，这是很普遍的现象。

乌干达一名律师朋友问过笔者：如何看待乌干达的税法？我告诉他，如此高的税收不是吓坏投资者，就是逼迫投资者有法不依，建议国家修改有关税法，他对此也表示赞同。再举一例，乌干达移民局曾经把落地签的费用从 50 美元升至 100 美元，这一政策出台不久就在欧美国家的影响下被取消。我们的大部分中国同胞因为缺乏法律意识，不会主动也没有能力去影响该国法律的制定，即便法律不合理也只能发发牢骚被动接受，或寻求钻法律的空子，而这是一颗可能随时引爆的定时炸弹。

中国人如何看待和黑人结婚？

在乌干达，中国人对当地人有很多偏见，只有几位中国女性嫁给了当地人，娶当地女性的中国人则更少。笔者感觉到，中国人很少认真严肃地去谈论中非婚姻这个话题，对于中非婚姻很多中国人不理解、不接受。另外一名好友如此说。在中国人相对封闭的交际圈，你很少看到和非洲人结婚的中国人带着家属和孩子参加中国人的社交活动。

谈到中国人对黑人的审美观问题，大部分中国人在潜意识里认为黑色是不好看的，黑是落后、贫穷的代名词，中国人习惯用“老黑”“黑妞”“黑叔叔”等词来形容黑人。事实上，在美国、英国、法国等西方国家，因为种族不同隐性歧视也是无处不在，其实亚洲人在欧美国家比黑人还要受歧视，尤其是亚洲男性。

王女士是一位嫁到非洲的北京女性，如今定居乌干达，有 4 个孩子，拥有当地一所学校并任该校校长。20 岁出头时在清华大学邂逅第一批受益于中国奖学金到中国读书的现在的乌干达老公，虽然面临父母的压力和阻拦，最终远嫁到非洲。王女士的故事作为中非友好的象征被中国主流媒体广泛传颂，因为这样的婚姻看起来非常难得。

她也经历了很多中国人对她这段中非婚姻的不解甚至非议。但她认为，婚姻幸福与否和国家、肤色、种族无关。在采访中，她情不自禁地多次提到她的乌干达丈夫苏玛对自己的照顾和理解。她认为，在现代婚姻生活中，很多人开始不相信真情，认为婚姻就是一种交换，因此很多人会问她和苏玛的结合是不是因为钱、地位，甚至是性……她觉得自己是在最美好的青春时代认识了对她一见如故的人，而这个人刚好适合她并陪伴她走过春夏秋冬，不管他是中国人还是黑人。

虽然王女士的中非婚姻故事温暖美好，然而不幸福的故事也真切地发生在身边。王女士坦言，她身边遇到的中非婚姻中，不幸福的人也大有人在。根据王女士介绍，曾经有一名中国女性嫁给坦桑尼亚的一位酋长，在发现他有好几个老婆之后，拒绝继续生活下去，后来躲到中国公司的项目营地，结果该酋长带着同胞去中国公司要妻子，此事还差点弄成外交事件。笔者认为，这主要是双方都不了解彼此的文化、又严格恪守各自的习惯。中国女性不理解非洲酋长的部落习俗，而这名酋长也没有考虑到中国女性的现代爱情观。王女士说，她老公的父亲在当地德高望重，也有很多老婆，而她也会尊重当地习俗称她们“妈妈”。但是，在中国接受过高等教育的苏玛充分理解他的中国妻子王女士，没有再娶其他女人。

笔者建议，中国媒体在报道中非婚姻问题上，不宜过分拔高，也建议中国同胞不要抱着狭隘的刻板印象去衡量和评价，要用一颗平常心，实事求是地去看待。

非洲人如何看待中国援助？

笔者有一次组织当地雇员去中国培训，该雇员要求培训方承担包括体检、申请签证在内的所有行前费用，而且还要求去中国培训期间每天给予一定额度的生活费补助，这让刚从国内过来的我感到不适应甚至惊讶。根据中国使馆有关工作人员透露，中国每年给当地人一定名额去中国留学，但往往到了材料提交的截止时间，也很少有人真正把材料准备齐全，还需要使馆工作人员给每个人打电话，催促他们尽快递交材料。笔者有一位朋友前来乌干达旅游，她看到当地勤杂工生活不易，随手给了她一个随身佩戴的耳环。后来因为某些误解双方发生争执，该朋友问道：“我待你不薄，还送给你东西，你为什么还这样？”这名勤杂工反问道：“这东西你还需要么？”说得这位朋友哑口无言。

长期以来，大部分中国人和非洲人对于援助的看法有着深刻不同。很多中国人对于援助的逻辑是：我给了你东西，你就不要挑三拣四了，而且你需要感谢并且有所回报。然而，非洲人却不这么认为。

非洲精英阶层认为：天下没有免费的午餐，援助是有条件的，你给我援助是希望对我施加影响，因此没有必要站在更高的道德角度来看待你的援助行为。笔者的当地雇员说，当年西方国家来到非洲，尤其是吸引政治和学术精英前往西方国家留学，就是以教育援助的方式来影响非洲人的思想，进而彻底影响非洲的政策制定和发展进程。因此，西方国家从一开始援助的时候都是给予非常好的物质条件，非洲人逐渐适应了这种被援助的待遇，因此对于新的援助方中国也是持有同样的心态甚至更高的期待。此外，该雇员还表示，非洲人有分享的习惯，一旦有人出国回来总要带点东西送给亲朋好友，所以一般援助方都会给予一定的购物时间和小费。

对于非洲普通老百姓来说，从生下来就习惯了被援助、被给予，这样的心态对来自中国的援助也认为是理所当然，再加上宗教信仰的原因，他们会感谢上帝也不会感谢施加援助的中国人。王女士告诉笔者，她曾经送给老公苏玛的亲戚一件很好的连衣裙，但过了几天就看到裙子坏了，当时心里还有点堵。她的丈夫苏玛告诉她：既然你送给别人东西，那就是别人的了，所以不要苛求别人怎么对待你送的礼物。王女士说，中国人讲究“礼尚往来”“滴水之恩，涌泉相报”，但是非洲人觉得既然是给予就不求回报，给了就是给了，仅此而已。

笔者在非洲生活多年，明显感觉到非洲人对于援助的一种心理敏感：因为接受援助而依赖援助，因为依赖援助又影响自尊和自信。因此，在一些公开场合，我们不宜过分强调“给予”的论调，要多提“互惠互利”和“合作共赢”。中国在施加援助的时候，要考虑到非洲人的真实需要，把援助当成能力建设的一部分而非可有可无的施舍。即便是援助也不要站在道德高地去看待被援助对象，也不要期待被援助者有过多的赞美和感谢。非洲知识界和媒体界人士建议，中国对非援助不宜只从官方层面进行，因为非洲国家的政府和中国政府明显不同，其影响力有限甚至合法性受质疑，中国政府对非洲的援助虽然加强了政治关系，但在非洲普通老百姓眼中没有存在感，甚至感觉到被边缘或被剥夺，因此我们更不宜期待非洲老百姓从心理上感谢中国援助。

中国公司的媒体公关和公共形象

2014 年，南非职业道德研究所公布了一项针对在非中国企业的形象调查。报告分别就在非中企的声誉、产品和服务质量、社会和经济责任、对环保的重视以及雇佣状况进行了调查。结果显示，在非洲人眼中，当地的中国企业负面形象尚存。乌干达资深媒体人安德烈表示，中国在乌干达媒体上的形象多元复杂，负面报道越来越多。

“抗议中企经理性骚扰，乌干达数百名工人罢工”——2017 年 1 月 3 日，这一夺人眼球的标题出现在美联社报道中，暗指中国国企人员对当地女工进行性骚扰，中国公司没有善待当地员工。该报道随即被“美国之音”、《华盛顿邮报》等西方媒体甚至一些非洲媒体网站采用，引起广泛关注。根据笔者调查，报道并不属实，究其原因，既有日益增长的中国对非投资被当地政治博弈牵扯其中，又有外国媒体的刻意炒作和抹黑，显示出中国公司面对媒体的意识和能力严重不足。

自从本次罢工事件发生后，在中国国内有关部门和媒体的压力下，涉事公司中铁七局发表了中文澄清声明，但一直没有向当地政府和媒体发表英文声明。当地媒体发表三篇文章，主要是引用西方媒体的论点和乌干达方面的反应，而唯独缺少来自中国方面的声音。中铁七局自始至终相信来自项目业主坎帕拉市政管理局的建议，不对媒体发声，主要是因为坎帕拉市政管理局负责人和坎帕拉市长代表了执政党和反对党在首都坎帕拉地区的利益博弈，由中国媒体发声可能会进一步激化政治矛盾，改为由业主来面对媒体。同样的情况曾出现在 2016 年，乌干达媒体连续追踪报道中国融资和建设的某水电站项目出现质量问题。根据笔者调查，此事主要是因为乌干达两个政府部门为争夺管理权而掀起的舆论战，而中国公司作为直接受害者却自始至终不知道如何对外发声。这显示出适应中国国情的中国公司过分依赖当地政府，这一方面是因为政府是中国公司的业主，另一方面是因为中国公司只知道和政府部门打交道。然而受西方民主制度影响的乌干达政府能力有限，政府需要面对强大的反对党、议会、媒体、民间团体、宗教组织等不同利益方，和当地政府绑成利益共同体的中国公司自然成为多方质疑的目标，更何况中国支持的重大基础设施项目有着巨大的现实利益。

中铁七局罢工经调解后，该公司虽然认为工资标准不低，但迫于压力还是增加了员工工资，这种做法或许给当地员工带来“可以通过罢工来涨工资”的印象，结果另外一家中国公司不久就被当地报纸报道，竟然面临同样的指控。事实上，乌干达本身没有法定最低工资标准，当地工会组织弱、罢工文化并不盛行。中国水电站项目的媒体事件也让当地人形成“中国水电站项目质量有问题”的刻板印象。笔者认为，中国公司只和政府打交道，只依靠业主单位的处理方式值得深思，而这将影响到所有中国公司在乌干达的利益。

安德烈一针见血地指出：中国缺乏有效的媒体公关意识和能力。他认为：非洲腐败问题渗透并腐蚀媒体，新闻专业性不足，报道失实或者被利用煽动民意司空见惯。但是中国公司没有公关意识和能力，中国公司和当地媒体缺乏有效的沟通机制。

根据笔者观察，在乌干达的所有中资企业中，只有华为和中海油乌干达公司设立了专门的公共关系岗位，大部分中资公司的公关工作一般由商务代表甚至是翻译人员来操作，不仅专业性不足，而且多为被动应付，更不用提主动引导舆论。一些中国公司代表在被媒体报道负面新闻后向笔者咨询如何处理企业和媒体的关系；对当地媒体来说，中国公司更是一种“最熟悉的陌生人”。中央电视台在乌干达的供稿团队负责人尤利乌斯（Julius）对笔者说，即便在告诉中国采访对象自己是给中央电视台干活的来意之后，几乎所有中国人都拒绝采访。他强调说：根据乌干达民众的认知习惯，在面对质疑和指责时，要第一时间主动对媒体发声。如果永远保持沉默，只会让偏见越来越深。

安德烈表示，国家和公司的形象非常重要，公共形象的建立不容易，有时会因为一两个公共事件就造成负面影响。相对于中国而言，美国尤其擅长利用媒体塑造形象和消除不良影响。他认为，随着中国投资非洲的步伐加快，中国在非洲的利益不容忽视，如不重视公共形象建设，可能会带来无法挽回的损失。他建议中国公司设立自己的新闻发言制度，并聘请专业的公关团队，用当地人的视角和手段来营造良好的媒体关系，维护公共形象。

长居乌干达的中交公司乌干达代表处负责人张先生表示，乌干达媒体重视言论自由，即便是不实言论，建议中国公司要以平常心面对，除加强内部管理规范外，更要主动接触媒体、利用媒体，把媒体公关做成“常规动作”。

不“融入”的中国人选择“落叶归根”

第六部华侨华人蓝皮书——《华侨华人研究报告（2016）》于2017年1月6日在北京发布。华侨大学华侨华人研究院助理研究员吕挺在调查非洲各国侨领晚年生活规划时发现，高达71.8%的人选择“不论当地事业是否有人继承，晚年都想回国”，另有12.8%的人打算“每年回国住一段时间”，也有10.3%的人想要“到发达国家养老”。

在笔者长居的东非国家乌干达，加入当地国籍的中国人只有4人，入籍的动力也主要是为了更好地做生意，挣来的钱不是投资国内房地产就是去欧美国家旅游购物，真正想扎根非洲的人屈指可数。一位曾经在中部非洲两地区常驻的同事说，生活在非洲的中国人群体绝大多数都是逐利的，且几乎没有社会认同和文化认同。

笔者认为，比起在美国和欧洲的中国人试图主动“融入”，在非洲的中国人并没有强烈的“融入”愿望。中国人多数抱着天朝大国的思想，也受到西方价值观影响，对于非洲的本土文化和信仰有一种天然的不认同甚至偏见。“非洲没有文化，非洲人落后，非洲没有希望”的观点被很多人深度认同，主流媒体报道中非婚姻的结合被认为是一种“政治正确”。中国国内某网络论坛有一篇“八一八天雷滚滚的非洲人民”的文章，出自某驻安哥拉中资公司女性员工之手，被称为“驻非纪实类作品一绝”。某在乌干达创业多年的好友、前华为员工近日在朋友圈写下“落后不可怕，可怕的是落后还不思进取，不知道自我批评、自我改进、得过且过”的牢骚，结果引发一连串“同意以上所有观点”的评论。

《非洲怎么了》（*What Went Wrong with Africa? A Contemporary History*）一书的作者维恩（Roel vander Veen）认为“非洲失败了”，中国非洲学者李安山对此不认同：“我认为，非洲能够挺过奴隶贸易和殖民主义的摧残，承受住当地不平等的国际政治经济秩序的压力而存在下来并取得一定成就，这本身就是一种奇迹，足以显示非洲文化的坚韧性和持续生命力。”

印度社区的“融入”经验

很多研究非洲的学者认为，印度人已经在东非生活了数代人的时间，尽管他们仍然保留着印度文化特征，但是逐渐认同于所在国，而东非社会也开始接受他们的存在。相对于中国人来说，旅非印度人更重视对非洲本地社会的融入，具有更强烈的“抱团”精神。

笔者的同事在一本书中写道：“在非洲，从古董店到书店，从肉店到药店，印度人的身影无处不在。因为勤劳、精明，印度人打理的店铺往往生意兴隆。随着非洲印度裔移民人数的增加，印度政府越来越意识到要加强与非洲的联系，就要发挥这些移民的作用。哈佛大学商学院印度裔教授塔塔斯·埃萨尔认为，这些已深深融入并了解非洲社会的印裔移民是印度在非洲发展的巨大财富。”

在本土化方面，印度人的一些做法的确值得借鉴。比如，印度企业投资当地教育，加强对本地员工的培训；印度人参与当地政治甚至成为议员；印度公司以本地公司的面目运营……

因此，在乌干达，你会看到印度人既活跃在农业、金融业、媒体、医疗等重要领域，也在酒店、旅游、建筑等行业崭露头角，印度人不仅有商人，更有医生、律师和建筑师等。印度社区每年组织当地义务献血活动，印度政府提供奖学金的广告牌树立在市中心位置，报纸上不时有整版关于整个印度社区的推广副刊……

笔者2017年中国春节期间在埃塞俄比亚出差，采访东南非贸易与开发银行行长，他的新闻联络人是一名印度裔的毛里求斯人。当记者问及他是否是印度人时，他毫不犹豫地表示自己是毛里求斯人。正如一位印度朋友如此告诉笔者中国人和印度人在非洲的差别：“我们印度人在非洲是非洲人，而你们中国人在非洲是中国人。”在毛里求斯、南非、肯尼亚、乌干达等东南部非洲国家，你很容易看到入籍的印度人。

与此同时，笔者也不赞同把印度人在非洲的“融入”过度神话。印度人在非洲比中国人有殖民体系下的语言和制度优势、环印度洋的地缘优势，作为更早的外来群体的时间优势，但印度人作为外来人群也面临“融合”问题。尽管印度人群体内部存在巨大差异，但他们仍然表现出共同的印度身份认同，仍然尽可能传承印度文化、语言、宗教和价值观念。笔者在采访中发现，在乌干达人眼中，印度人甚至比中国人还要重视种族问题，印度人和乌干达人通婚的比例很小。当地人看待印度人并非传说中的一概友好和接纳，反感甚至反对的也大有人在，印度人管理上的严格被当地员工认为“苛刻”。比如，2007 年乌干达市中心贸易区发生反对印度人的骚乱事件，造成几名印度人被黑人当场打死的惨剧。

较之印度人在东非一个多世纪的存在历史，中国人大举涌入非洲仍是相当晚近的事。但在东非国家漫长的历史变迁中，印度人和非洲人的互动或许可以为刚刚踏上非洲大陆寻梦的中国人提供一些可资借鉴的经验。

文化的交流和互鉴

在中非合作论坛的推动下，中非经贸合作日新月异，然而人文交流方面却乏善可陈。乌干达副总统塞坎迪曾说，中国在非洲的经济外交做得很好。言下之意，中国对非文化外交方面还有很多工作需要加强加深。

第一，中非文化交流与合作都是通过政府层面展开，非洲普通老百姓缺乏认同感。经过十余年的沉淀和淘洗，无论中国人还是非洲人均无可奈何地发现，紧密的经济纽带和牢固的政治关联并未带来文化上的亲近，反而在很大程度上构成了一道难以填补的裂痕。仿佛官方越亲密，人民反而越疏远。供职于路透社的视频记者贾斯汀·德拉雷兹（Justin Dralaze）说：“中国与非洲打交道的方式主要是政府对政府、领袖对领袖，而民间的交流、人民对人民的交流，几乎是不存在的。”对于绝大多数连温饱问题都没有解决的普通非洲人，“中国”不过是大街上越来越多的黄色面孔，他们在这里建楼造路、开餐馆、挖矿，很有钱，却和当地人没什么接触也不好相处。中国人仿佛带走了很多，却基本没有留下什么，尤其是没有留下多少可以持久发酵的东西，如观念、价值和文化。

中国影视剧《媳妇的美好时代》在乌干达的邻国坦桑尼亚热播，但在乌干达却很少有人问津，笔者在当地采访很多媒体从业人士和普通人士，大家都表示没有看过这部中国电视剧。主要原因是，中国政府选择了和官方媒体乌干达国家广播公司合作。乌干达国家广播公司虽然是国有媒体，但却是运营最差的媒体之一，其负责人长期牵扯于本国政治斗争中，4 年之内更换了 3 名负责人，因此乌干达民众很少有人观看乌干达国家广播公司的节目。近期，在乌干达颇有影响力的非营利组织“乌干达广播网络”的管理层团队告诉笔者，BBC、法国国际广播电台和数十家乌干达本地有影响力的私营广播电台合作，把新闻节目嵌入当地的广播电台节目中去，以本地广播的面目向当地播音，真正考虑到乌干达本土实际情况，才能取得良好的落地效果，其影响力是潜移默化和深入彻底的。然而中国国际广播电台的广播节目也只是和乌干达国家广播公司合作的。

乌干达著名记者 Charles Odongtho 介绍，虽然乌干达国家广播公司拥有最好的设备和国家拨款，但是收视率却是所有电视台中最低的。他希望有去中国短期培训的机会，但是中国的能力培训项目都是通过该国政府部门来分配名额，这样容易沦为政府人员关系户去中国旅游和购物的机会。他认为，在乌干达这样的非洲国家，政府的作为非常有限，希望中国的培训项目能更多考虑私营机构的专业人士。

第二，更为重要的是，很多中国人不明白：文化的交流是双向的，中国文化推广不是一种文化对于另一种文化的强行“介入”。笔者曾在乌干达的法国语言文化推广机构法语联盟考察，该机构一直致力于本土化发展。这里包括教授法语的工作人员几乎都是非洲人，还和当地文化机构合作定期组织文化活动。法语联盟不仅只宣传法国自身的文化，也在影视、艺术、出版等领域展现非洲的本土文化特色。笔者曾参加过一次由法语联盟主办的在乌干达每年举行一次的音乐节活动。令人印象深刻的是，非洲人天生喜欢音乐，当时尚的年轻人群自发聚集到国家剧院室外的草坪上，沉醉于来自法国、其他非洲国家和本国音乐家的同台表演时，脸上流露出来一种发自肺腑的喜悦，这样的活动让当地人感受到一种不同文化的交流和认同。相比较而言，中国运动式的文化团体来访演出让人摸不着头脑，停留在简单的文化技术展示阶段。贝宁孔子学院贝方院长于连认为，中贝文化交流应该是双方文化的交流，除了让当地人学习中国文化，也希望中国人了解当地人的文化。他也指出法国文化中心在举办的活动中，不仅邀请法国艺术家前来表演，也邀请贝宁艺术家参加活动。由于有些贝宁人在法国居住生活过，或者在书本上了解到活动的相关文化内容，所以即使法国文化中心收取门票费，他们也感兴趣带家人一起参加活动。正如乌干达马凯雷雷大学副校长约翰·多姆巴表示，语言学习和文化交流要有互动，非洲期待的是一种双赢的合作。

中国数字电视运营商四达时代乌干达公司的负责人王经理说，该公司开始尝试一些本土影视节目的内容生产，开办了一些自有内容频道，除了中国的功夫片频道之外，他们和当地电视台合作运营的一档音乐频道也颇受欢迎。王经理认为，该公司从内部管理到市场营销、店面运营，都在不断尝试本土化，目标是让公司成为一家非洲人喜欢的“本土”企业。

近年来，中国加强对非文化人力资源培训力度，举办了形式多样的对非文化人力资源培训活动。笔者曾听北京大学非洲研究中心秘书长刘海方介绍，国内组织的不少援助培训项目变成了中国展示自己发展成就的平台，而非真正符合非洲的实际发展需要。根据新华社资深雇员 Ronald Ssekandi 建议，能力培训项目除了展示中国形象、扩大非洲人对中国的认同度之外，要有针对性地真正加强非洲的能力建设。非洲希望中国助力实现非洲的文化自信，而不是被动地接受单向的传输。

不管出于什么样的目的，西方基督教传教士深入非洲大陆腹地，学习当地语言、了解当地文化，在无比艰难的条件下创建教堂与学校，而中国人未曾真正尝试过去理解非洲。李安山教授认为，非洲有很多文化遗产、价值观甚至政策设计值得中国人学习。“我们可以指出非洲的各种不足之处，也可以批评非洲传统的某些缺陷，但我们对非洲文化培育的独特之果不能视而不见。”李安山说，“非洲文化有着高度的包容性”。他认为，中国虽然经济发展很快，但在包容性、对自然的尊重、乐观处事的态度、处理边界的技巧、对女性公务员比例的法律规定等方面并不如非洲。在这些方面，“中国还有很长的路要走”。

如果不尊重当地文化，就缺乏交流、难以产生共鸣。真正能在文化上实现交流与理解的，只能是身在非洲的普通中国人。因此，中非文化交流应摆正心态，不仅仅是向非洲传播中国文化，更要本着平等的心态，吸收借鉴对方的文化，求同存异，才能使文化真正成为中非交流的纽带。

结　语

本文所述中国人群体并非所有中国人，笔者发现，身边也有越来越多具有国际化视野的中国年轻人主动走进非洲，了解非洲，甚至爱上非洲，他们对于非洲的看法和认知更加理性平和，他们和非洲人打交道的方式给中非人文交往增添了一丝新意，显示出崛起中大国的自信和风度。比如，我们看到有中国青年自愿去贫民窟建学校，去难民营做社区能力建设，去偏远农村学校做义工……第六部华侨华人蓝皮书——《华侨华人研究报告（2016）》也指出，据统计，非洲华侨华人新移民占比超过90%，其中知识分子与专业技术人员群体逐步涌现。

亚洲的智慧与可持续发展

边境城市再思考：中国与东南亚边境上的过渡空间、不平等的行动者与延伸的流动性

陈向明*

首先，简单介绍这一研究的学术背景。中国的学者和学生，甚至是国际学者研究城市，无论理论研究还是实证研究，都关注比较大的城市，我们称之为世界城市或全球城市。文献里基本上缺乏关注偏中小的城市的个案——这些城市的地理位置特殊，却是整个城市研究中缺乏的东西。

我们来讨论两个互存悖论的现象：第一个矛盾的现象是，这些边境城市人口规模偏小，地理位置偏僻，但在一定条件下，受到内外界交叉影响，具有变化的潜力，也有超越城市所在区域的影响。所以，只是从规模和地点边缘化角度来看，在全球化的背景下，其重要性会被忽视——但我接下来会详细解释为什么边境城市非常重要。第二个矛盾的现象是，在大的环境下，边境城市研究的意义提高是由于“去边境化”（de-bordering）和“再边境化”（re-bordering）在两国同时发生。

传统边境是由历史、政治、文化、人口迁移等条件推动的不规则形成的，经历了重新组合、重新规划的界定过程。总的来说，边界作为国界，形成后有其固定的功能；但在全球化背景下，国际流动性增强，“去边境化”使原本的隔阂逐步转变为各方的沟通，边界越来越开放；也就是说，边界起了桥梁（bridge）的作用。这一方面带来了正当的、合理的流动和流通，但另一方面也有非法的、黑暗的活动，如走私给边界管理带来的新挑战。“再边境化”是国家管理功能在政策上的一种反应，将已经具有桥梁作用的开放边界再次退回到分隔或阻断的状态；也就是说，边界又回到

* 陈向明，美国三一学院（Trinity College）都市与全球研究中心主任、教授。

了它具有的障碍（barrier）作用。这两个过程是互动的、非静止的，彼此交叉影响，给边境城市带来新的功能上的变化。请各位把这两点作为参照系统，在接下来的讲述中，我会再次重复。

简单地说一下几个主要的研究问题：第一，我们怎么把边境城市特殊的复杂性作为研究对象，怎么解开它的复杂性——我所说的边境城市主要指的是内陆的，比如说美国和墨西哥之间漫长边界上的边境城市；沿海的边境城市严格来说不是我所研究的范围。第二，我们对全球城市、特别是有港口的城市，比如纽约、上海做了很多的研究，那么边境城市和它们究竟有什么区别？怎么理解和分析它们的不同？分析不同又能带来什么理论上重新思考的角度，同时为城市发展理论提供新的洞见？第三，边境城市本身规模扩大、功能转换、内在动力调动起来之后，会受到哪些因素的影响？内在因素的影响有多强？国际的、大的区域性的外在因素影响有多强？跨境区域的腹地延伸空间中，边境城市会形成哪些新的相互依赖的关系？第四，研究这些边境城市新的发展时间以及发展的规律性，将其看成不平衡发展的突出现象。

研究城市过程中，我们发现出现了越来越多的重新组合：全球化把一些城市联系得更紧密，也把一些城市分离开，这个过程中包含着空间、经济、社会上的不平等，在边境城市表现得非常明显。边境城市存在的这些不平等是由于边界这条线被分开的不平等，与我们国内传统的、自然的、城市规划的不平等截然不同。

本文具体分析的框架和内容。边境城市传统上发展滞后，国家多关注军事防御，但经济支持力度相对不够，因而其发展滞后于沿海城市。在阅读文献中也要考虑到边境两边体制和政治的不平等在空间上的反映，考虑其对双方边境城市的影响，还要考虑到城市的规模——由于边境城市稀少，密度较低，但腹地比较大，同时和内陆的中心城市联系和距离比较远，因而其发展受到各方因素的制约。还要关注边境城市的文化、种族的多元化和网络化。边境城市的人口流动是历史遗留下来的多边的人口流动。由于这里存在跨境通婚、家族亲属关系，以及不同时期累积起来的文化、种族和家庭因素，使其有深层的社会网络结构。由于国家政治、地缘经济等大的结构因素影响，边境城市多年来受到压制或压抑，所以我将它们作为潜在的内在因素，在很长时间没有释放出来，对边境城市直接转变无明显影响；但在全球化日益强烈、深入本土的情况下，传统社会文化因素会被激发、释放，从而加大扩散其影响。边境城市虽然在历史上不太重要，但对于现在研究当代全球化以及地方城市影响，则有着不可忽视的作用。

从理论上我想简单讲几个方面。前面我所讲到的没有边界、完全放开的全球化观点，大概有三四十年历史，最早是日本学者大前研一（Kenichi Ohmae）在《没有边界的世界》中阐述的。这个观点不太现实。他说，在全球化背景下，边界作用基本上已经不存在，边界全部打开、流通全部开放，是超全球化、特殊全球化强力的观点。

另一种传统观点是从国家角度看待区域发展，国家是管理和控制边界最强有力的实体。无论全球化动力有多大，影响有多深，仍是国家政策允许和保证这个国家参与到全球化过程中发挥作用，通过边境城市促进外资引进、边贸、文化交流等活动。这两种都是相对成熟的观点，但各有片面性和局限性。

从全球化的视角看待城市，大家也比较熟悉。比如萨森（Sassen）教授关于全球城市的观点——城市越来越起到中心点、控制点的作用，比如伦敦、纽约，在全球经济结构下控制影响地理范围最大、影响渠道最多，特别是通过金融和其他高级服务业，其他城市在二三层结构下受到它的辐射，形成既垂直又水平的互动影响关系。

从传统的区域观点看城市，也有地理分析的方式，如德国地理学家瓦尔特·克里斯塔勒（Walter Christaller）的中心地理论。传统的、不大的城市也可能成为中心城市，边境地区与其附近的中心城市可能会形成自然的空间关系。可以发现，区域理论和全球理论对城市的观点相辅相成。有学者认为，全球化影响城市越来越深，区域化过程也会不断跟进，全球化中心也是传统区域的中心——比如上海，既是全球城市，又是历史上长三角区域的中心城市，其区域中心地位不会因为全球化削弱，反而在某些方面得到了增强。

下面介绍一个更新的理论观点，“星球都市化”（planetary urbanization）由美国社会学和政治学家奈尔·布伦纳尔（Neil Brenner）提出，我们看全球化更要看整个星球，整个地球都在城市化，即最大地理尺度的城市化，每个区域和地点都在某一个不同的阶段上。我们研究边境城市对这个观点有所借鉴。我们以前研究城市化通常以边界明显的城市作为单位，他提出城市与周边半城半农的空间、农村有很大的腹地的关系——比如说在非洲的城市，城市本身发展边界是有限的，但是影响了与周边区域的城乡关系。这个观点的贡献还在于，在全球大的经济结构下，要考虑到离城市偏远的地方出现的城市化轨迹。比如说一个大的铜矿、一片大的原始森林，随着自然资源开发，这些地区会形成社区、形成经济活动集聚的地方，它本身不是一个城市，是在自然环境下突然形成的栖居地；从“星球”（planetary）角度来看，比如海底的电缆、长距离铁路建设都带动了城市或农村的发展，使以前基本是农村的地区向城市转化。它将城市化范围的界定延伸，使我们研究城市探讨的范围更广，看到的关系更多——比如城乡界限、本土与全球界限越来越不明显。

简单介绍英国地理学家詹妮弗·罗宾森（Jennifer Robinson）的观点，她在《普通城市》中认为，我们研究第三世界城市的问题，经常运用西方国家多年形成的理论体系。她认为我们研究发展中国家的城市——也就是全球南部城市，更多地应该转换研究出发点、看问题的观点，用非洲人的观点来研究非洲城市，从中国历史、文化等各个角度研究中国城市，并注重研究多样的城市。这种观点是非常有道理的，但是我们面临的难处和挑战在于，理论发展比较偏向于西方的理论形成过程，实证研究超过理论研究的过程需要很长时间，但我们必须要做这件事情。后面两个观点对指导我们研究边境城市有直接的帮助，它的意义超越单纯的边境研究。

接下来，我再稍微强调一下和以上城市化理论视角相关的“去边境化”和“再边境化”的两种观点。传统的研究背景偏重于人类学、历史学和一些对种族和少数民族文化的研究，这种观点考虑的地理的空间尺度比较小。我们将边境地区空间变化过程与全球化联系起来后，这样的地方与全球经济接轨后，国家对边境城市发展也起到不断改变的作用——从内到外发展的国家政策，特别是对中国在政策上的推动、边境特区的建立，以及公路铁路等跨境基础设施的建设，是一个很大的动力。同时，应该考虑到规模较小的边境城市高速发展后会带来哪些新的功能：是传统区域中心的功能，还是为当地老百姓服务的功能？它能不能有比较远的辐射，沿着公路或是铁路，从国家边境城市将功能深入腹地？这些都是需要考虑的、需要数据支持的实证问题。

下面我介绍一下本人所发展出的两个概念。第一个就是“In-Between Spaces”，它有过渡空间的意义，我觉得另外一层含义是这个空间在两个地方之间交融后所形成的新空间，比如两个区域边境、行政边境明显的城市，它们之间是边境线，两个城市不断发展融合，就成为跨边境的一对城市——比如美国和墨西哥有很多对这样的城市。很难说这是两个城市，就像深圳和香港一样。“过渡空间”（In-Between Spaces）形成后，其中间地带是一个怎样的空间？还可以从另一角度看 In-Between Spaces。边境城市区域化的过程是往两边中心纵深发展。传统边境经济活动，如边贸市场——像中缅之间的翡翠市场、缅甸伐木运输的过程，运输过程会因为产品、商品交换，将边境城市新的经济空间推演到国家边境的腹地——In-Between Spaces 不单指两个城市中心的关系，也指的是边境城市与其他的国家内地区域的中心城市出现新的空间。如果我们有这样的过渡性空间，会给我们带来两方面的影响：一方面是更多合作，实现双赢——边境城市两边的百姓参与边贸，彼此跨境工作的机会，使他们生活水平提高；另一方面，边境开放的空间也会带来冲突、矛盾，特别是当边境一方的经济政治空间向对面一方延伸渗入时。

第二个概念是“流动”和它的延伸流动性（stretched mobility），它不只是人的流动。在复杂多层次的“过渡空间”形成后，会出现更多的不同的流通过程，不仅限于相对相接的边境城市上，远距离的流动性也在增加。比如我们即将从云南经过边境向老挝纵深建一条铁路，铁路沿线也会出现带动城市和农村发展的机会。社会学家和人类学家在研究社会结构、文化结构过程中，关注地点和流动关系的重新组合。边境城市给我们带来新的研究地点和流动性，因为边境传统上有限制流动的机制，限制流动的东西变成桥梁后，其流动性在空间上得以向各个方向延伸。我将以上两点作为我的研究对象：哪些因素使“过渡空间”形成或者在“过渡空间”之间带来流动性？这个流动性怎样延伸，延伸幅度多长多宽，能否给受到延伸影响的地区和民众带来发展上的益处，或者是加重现有的不平衡发展并造成新的不平衡发展？

接下来对边境城市受以上各种变化因素的影响进行解析。首先简单介绍我建立的一个带有总结性的框架。我们研究边境城市，简单来说应该看一大一小两个三角（图 1）。

大三角：第一个角展现了国家中央传统上影响边境的功能，通过政策或是基础设施投入来实现；第二个角是边境城市本身，边境城市具有自主性——国家允许云南省的边境城市（比如瑞丽）与缅甸进行边贸，城市自主性提高，经济发展速度加快，功能扩大，创造新的机会；第三个角是

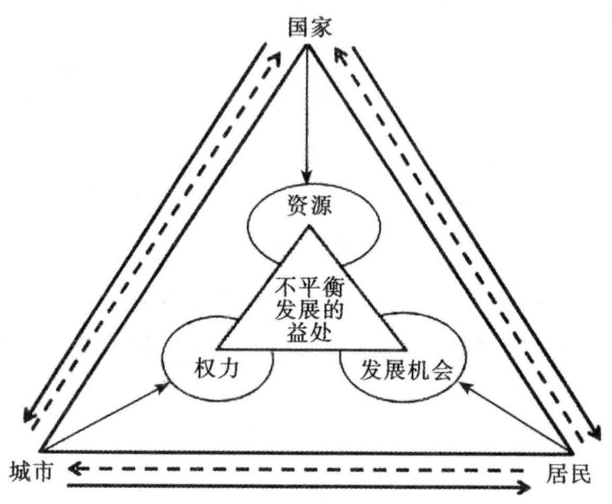

图1　边境城市的三个机制

边境城市当地的居民，或是跨境流动的边民。大的三角形成的关系是权力分配不平衡的关系，也相互依赖促进。

小三角：边境城市面临三个不同机制，分别是资源、权力和发展机会。自然和经济资源属于资源范围。国家控制财政资源，可以将更多的资金投入边境城市，比如将云南省作为与东南亚合作发展的桥梁，是国家区域性的政策，会带来基础设施投资。边境城市在边远地区，自然资源集聚，不同地区受到自然资源禀赋的制约，带来的发展机会不一样——老挝、缅甸的湄公河水力资源可以跨境建立电站。权力很好理解，在不同边境地区，不同级别的政府的权力分配不平衡——我们国家对于边境地区的政治、经济影响大于其他东南亚国家。边境地区权力的分布对于平衡发展、合作发展有着直接影响。最后说发展机会。边境城市最终能否发展、能否带来更大规模的地理空间发展取决于机会。这个最终结果是受到国家影响，还是最终是当地居民可以掌握利用的机会？比如中缅边境的翡翠市场，中老（挝）通过高铁建设带来新的机会，这种机会在边境锁住的时代是不成立、不存在的，现在它带来的发展和老百姓生活上的收益是不一样的，它取决于国家资源的利用。边境不同的人开发资源的能力带来的发展是不平衡的发展，能否转向平衡发展，使边境资源和权力薄弱这一方受益多些是实证研究的重点。

我们将这个三角框架解开来看，有国家、城市和居民（包括移民）

三个角色（或说是行动者），以及资源、权力和发展机会三个不同的机制。我们应该看到影响的结果是什么，注意到过渡性、两点间的新空间的一种延伸流动性，这些对居民影响最直接，以及各方受益的多少，怎么从不平衡转向平衡发展（图 2）。

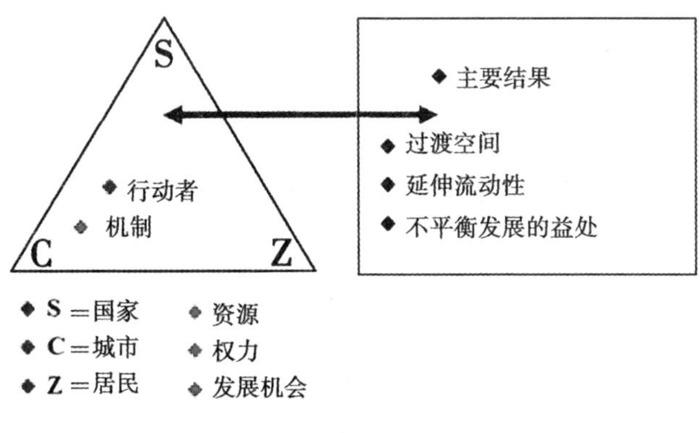

图 2　行动者机制与结果

简单介绍一下实证研究背景。从地缘政治、地缘经济来看，云南的发展和我们西部开发密切相关。西部开发后，中部省份开始向西部转移人口，所以说云南也受到了大的格局影响，使东南亚人到云南做生意。还有两个区域层面上的影响：首先是大湄公河区域（Greater Mekong Subregionor，GMS）的发展，亚洲发展银行建立了区域化的机制。大湄公河区域由泰国、老挝、柬埔寨、越南和缅甸五个国家以及我国云南和广西构成，是一个以湄公河为发展主轴的区域结构、一个半正规半制度化的具有灵活性的区域组合。其次，云南本身历史上民族、社会、文化关系就是很多元的。比如缅甸的一个跨境民族，和我国的傣族、瑶族、佤族、苗族等少数民族在历史上有跨境居住、通婚的现象，他们在文化风俗、生活方式上都有很多共同的地方。缅甸与云南接壤的小的边境城市通过伐木运输形成新的发展点，也出现了城市发展的初期迹象。从人口结构看，少数民族在云南德宏傣族景颇族自治州占的比重非常高——有一半的人口属于少数民族。

从大的贸易结构看，大湄公河地区五个国家之间的贸易增长很快，整个增长从一个很小的基础起点发展到贸易流量大的双边贸易，说明大量中国的边贸是通过云南省和东南亚国家之间的贸易交流完成。

国家通过资源或是权力投入对边境城市产生影响。云南省建了多个边境特区，同时昆明和缅甸掸邦首府间形成大的产业圈，比如通过铁路连接，云南作为逐步强大的经济中心，通过各种渠道向边境地区和城市及周边国家辐射。我和一位三一学院的毕业生对云南的瑞丽和磨憨、缅甸的穆塞（Muse），及老挝的磨丁（Boten）等相对应的边境城市或镇进行了实证调研。

云南省向东南亚发展的很多方面都通过高速公路建设，以昆明为出发点向外延伸；中国在柬埔寨、老挝和缅甸投资建设水力发电站的增长幅度很大；河口修建了桥梁，通过交通的连接更加便于这里的边贸发展。通过以昆明为中心的铁路和高速公路建设可以看出，国家和省的权力以及资源利用的影响是非常大的。云南和孟加拉国、老挝等在历史上就有很紧密的联系和相互影响，比如“二战”时军事物资通过“滇缅公路”（Burma Road）进入云南运输到内地。2012 年建成的位于昆明的长水国际机场，在建设时考虑到将其建设成为中国第四大吞吐量的机场。目前的人数、起落降次虽然还达不到第四大的水准，但是它的规模仍很宏大——中心城市的空港能力对于云南未来向整个东南亚开放是非常重要的。云南省的边境城市和周边城市相比，城市规模小、城市化水平低、数量少，这是历史形成的格局——当前，国家越来越重视这里的城市化发展、交通基础设施提高。

仰光在缅甸整个国家的人口比重是非常高的，整个国家就一两个大的城市，包括相对靠近云南边境的曼得勒（Mandalay），其他的城市很小，所以未来边境城市发展潜力大。通过一系列的举措，城市会有很大发展空间。具体讲一下连接的问题，换言之就是这些国家通过什么途径和其他国家联系——比如铁路公路这样的交通设施修建，湄公河作为跨界河流将几个国家的主要城市联系起来。我们在澜沧江上游规划多个水坝，湄公河上下游规模大小不一的水坝，中国政府融资修建了或正在修建老挝的几个水力发电站，并提供设计和功能指导，通过政治资源上的延伸影响很大。

接下来介绍瑞丽和穆塞两个城市。我们的国门瑞丽和缅甸穆塞是中缅边境最大的口岸。作为边境开放性的口岸，双方居民日常来往密切，甚至有人会穿越边界来乞讨。生活在瑞丽的缅甸人大概有三万，多为在缅甸受到歧视的少数民族即罗兴亚人（Rohingya）。罗兴亚人是在缅甸受到迫害的伊斯兰少数民族，他们历史上与孟加拉国联系密切，但孟加拉国不愿意接受他们，很多人只能跑到瑞丽住下来——中国的国家政策是开放包容的，这里很多的玉石商人都是这个少数民族。他们在这里形成一个聚居区，经济密度、生活社区、学校、饮食等都逐渐形成。

回到“过渡性区域”和“延伸的流动”。缅甸穆塞有一个边境水果市场，传统来讲是缅甸人开的，随着我们的边境城市发展快于对方，我们对它的影响越来越大，他们对于我们的依赖越来越强，中国人逐渐取代缅甸人对边境地区水果市场的控制——缅甸利用中国的技术，出口受中国影响大，水果价格被中国控制，使缅甸果农的地位不断削弱，开始需要外界支持。举这个例子就是想说，在边境城市这样的开放领域出现新的经济活动点受权力大小不平衡的影响——空间和流动延伸以后，我们的内地水果市场与边贸供求直接影响缅甸传统市场，占领它的水果地盘，改变了这个空间，或者说建立了一个新的过渡性边贸空间，带来了新的发展不平衡，中方收益大于缅方。

另外，我还想讲一下我跟踪的个案，跨境基础设施的发展。中国的石油和天然气管道经过缅甸、瑞丽延伸到昆明到内地，这条管道的开发和使用变成中国和缅甸边境联系新的增长点，形成了一个拉长的经济空间，促成了能源的跨境空间延伸。但在修建过程中也有争议——缅甸政府要求中国公司给予补偿，包括在该管道经过的农村地区建立小学等。这种在争议中实现了的空间权力和利益分配是否平等，还有待于通过数据分析来定论。

下面是边境城市开放后“去边境化”出现的情况——比如说“金三角”“金四角”的毒品通过边境泛滥。毒品问题给城市管理带来困难。我们的地方政府非常重视，瑞丽市政府建立卫生所为境内的缅甸人检查身体、提供药品。因为缅甸政府对这个支持有限，缅甸人很少能得到医疗服务。

再举一个例子，中国、老挝和缅甸于 2012 年一起抓获跨境贩毒集团首领糯康（Naw Kham）（由我国部队和他们的警察、军队共同抓获），在这个过程中是我们的边防部队作为领导。我国部队跨境到缅甸、老挝的偏远地区，最后抓获的毒贩也在我们的法庭判决。从这个例子可以看出，边境地区国家主权的问题，强国、大国有能力对周边的弱国、小国产生影响，得以合作行使边境管理的权力，延伸边境控制的空间和流动，形成一种“再边境化”，最终为边境城市受到的负面影响找到解决方案，但对国家管理、领土完整性提出新的挑战。中国 2016 年上演的电影《湄公河行动》反映了边境互动中一个大国的观点。

中国和老挝的关系类似中缅关系，但是也存在着不同。前面我们说到水电站开发，中国修建了从昆明出发、经过老挝的铁路，修建完成后将和曼谷铁路联系起来，与东南亚连接成泛亚铁路网，预计 2020 年完工。这个项目耗费很大，但老挝人口少，总 GDP 量很低（2015 年在 120 亿美元左右），该项目投资的一半左右要靠中国贷款。这个项目让我们思考，边境城市是一个点，但是现在这个点要变成一条线，这条线是大的城市规划中基础设施项目带出来的一条线——它带来的结果是中国人利用铁路去东南亚旅游，还是使老挝这样一个内陆国能够利用铁路打开封闭并且得到出海的通道？这样的项目对于老挝的意义是非常大的——如果它借了这么多钱，回报期很长，最终却不能带来贸易、制造业或是投资等方面新的机会和发展，而只是旅游，就会有所损失。老挝已在万象火车站设立了一个加工出口区，希望铁路开通后越来越多的企业、特别是在中国已经没有竞争力的廉价的劳动密集型企业转向那里。中国城市依靠交通带动促进制造业发展，但这种发展模式能否在老挝这样落后、封闭和城市少、规模小、连通弱的国家重复，是值得探讨的比较城市化和经济发展的问题。

图 3　老挝磨丁街景（美国三一学院毕业生 Curtis Stone 摄）

图 3 是老挝城市磨丁的景象。可以看出，中国人对于这里的影响很大，比如图片所显示的是已经倒闭的网吧。这个地方最兴旺的时候有一个

赌场，中国人会去这里赌博，给边境小城市的发展带来机会和一些兴旺，但现在这个区域已经比较荒凉。看到现在的城市的状况，高速铁路开通经过这里能否给这样的边境小市带来发展机会，是个很大的未知数。

中国是缅甸木材的第二大出口国（在印度之后），缅甸向中国出口的主要是红木、硬木的树墩，出口资金占的比重也非常高。缅甸与中国的木材贸易90%以上是在缅甸—云南边境进行的，但这种贸易在两国看来是非法的。缅甸希望木材出口经过仰光从海上运输进行控制，但是边境非法伐木的人多，有的中国公司直接跨境伐木运回国内。2015 年有 153 个中国伐木工被缅甸政府抓住并判处无期徒刑，但是在中国政府施压后工人被释放。中国有规定，只要有合法海关手续就可以证实允许买卖，使得云南这个位置非常重要。缅甸边境居民不满意政府把稀有木材以低廉价格卖给中国，2015 年夏季笔者在曼得勒调研时一个缅甸小伙说了一句让我很不舒服的话，他说希望政府在边界埋下地雷，防止中国人伐木。他们了解当地军方和中国的关系，通过贿赂可以使得边境老树被砍掉。以上反映出边境城市发展带来的冲突和矛盾。

说到边境地区文化相通和民族关系密切能带来新的小空间重新组合及延伸的流动性，边境地区的一些人实际上是“一家两制”——这里说的是一个中国傣族男人和缅甸傣族女人结婚后的事情，包括他们两边都有土地种植、亲友交往、生活习惯以及佛教信仰等情况。很多的缅甸妇女嫁到云南，瑞丽市妇女协会为这些缅甸妇女提供特殊帮助，如低息贷款，使她们慢慢融入当地社会，生活不断稳定，最终正常化。大的结构上的变化，比如边贸的快速发展、交通设施改善，即使带来城市表面上的经济繁荣，实际上不一定能直接改变长时间遗留下来的和老百姓生活的地缘、宗教、民族和生活密切相关的社会关系。

最后我们利用这个图进行宏观与微观相交的总结（图 4）。

我们研究全球化，往往注重经济一体化，全球化对于国家经济有一种整合性的、依赖性的影响。但在国家层面，如果国家能够推动全球化，使国家整体参与到全球化中，会有更积极的作用。把空间尺度重新组合——比如从上海到深圳，现在到云南的边境城市，这些发展的阶段性是国家政策差异的变化，不同地区发展以后带来新的不平等，然后国家来平衡——我们搞西部开发就是由于西部过于落后。西部开发以后使得边境城市重新崛起，这些地方原本为陆上和海上丝绸之路经过的地方，是有经济发展传

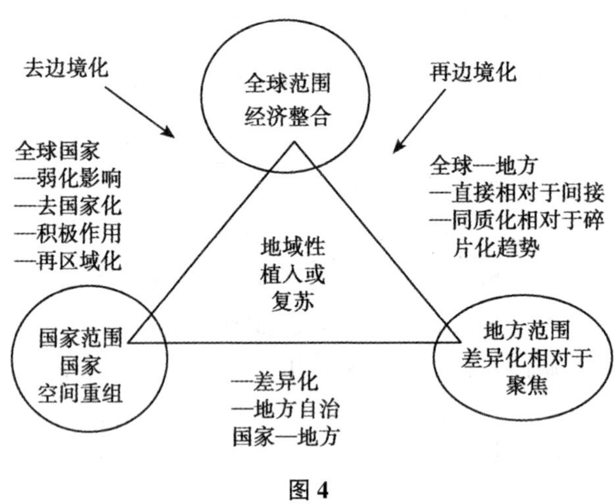

图 4

统的地方。多年来，像一个不活跃的火山被压抑了，现在慢慢地开始复苏了，这些地方的城市发展起来了。不是每一个地方城市都能有和全球化接轨的平衡过程，地方与全球化相关联是一个差异化的过程、一个重新组合的过程。这里呈现出了全球与地方接轨的分离性，每个地方都有自己的发展特点，并受制于其自身资源的一个过程。老挝的发展目标是充分利用它丰富的水资源，变成“东南亚电池”；缅甸的森林、玉石都成为落后地区发展主要的资源。这里有很多值得研究的地方，比如国家和全球化的关系、全球化和当地的关系。如果按照全球城市化观点，各种不同边界在变得模糊，包括中心与边缘、城市和农村、全球和地方。这些关系和边界不是国家完全可以控制调整的——国家足够强大可以引导积极变化、减少负面影响，这也就是我前面所讲到的三角内的关系。

所以在我做总结的时候要回到这个三角内。我们研究城市——全球城市、国家中心城市，或者是边境城市，还是要看到城市向外延伸以后的区域形成的新的区域层面上的现象，区域的概念和认同突显——这不是国家协调全球和区域的关系，越来越多的是区域在起作用。但什么体制机制能够管理区域——正式的也好、非正式的也好？这是对城市研究的新挑战。换言之就是：经济市场的调节还是国家制度政策的协调？区域管理的复杂性大大超过城市的单独管理。如果将“去边境化”和“再边境化”两个因素都考虑进这个复杂的三角关系，我们对单个城市的研究都要考虑别的因素。单个城市是嵌入更复杂的多层关系的一个过程，边境城市给我们带来新的研究机遇，就是要研究几个全球城市之外的一些城市发展的新的现象——但我们还是要回到历史观点上，比如老的边境地区的研究文献，从人类学、社会学的角度来观察文化的、本土化的深层因素释放出来之后怎么和新的全球化、一体化、国家的作用政策互动，从而给边境城市带来新的发展机会，让我们能通过对边境城市更全面深入的研究为城市整体理论与实证研究带来新的发现。

中印关系与亚洲的未来

孟庆龙*

中国和印度互为邻国，都是世界文明古国，在宗教、文化、历史等方面源远流长，关系密切，在二千多年的交往史中，和平、友好一直是中印关系的主流。虽然社会制度、意识形态不同，但20世纪50年代末之前，“印中人民是兄弟”一直是中印关系的总体特征。1959年西藏动乱及随后达赖喇嘛逃亡印度，以及1962年的边界战争，使中印关系跌入低谷。两国关系70年代后开始缓和，80年代末实现正常化，此后30多年来，两国虽在边界问题、西藏问题、外交政策等方面仍有分歧、不和，但已鲜有对抗。总体来看，两国都集中精力发展经济，都需要和平的外部环境，对话、交流、竞争但不对抗已成为双边关系的主要特征。中印两国越来越多的政治家、学者和民众认识到，只要中印联手，亚洲就会和平，就会有光明的未来，就能对世界和平与繁荣做出贡献。

一　边界问题的影响在减弱

妨碍中印关系健康发展的主要是英国殖民印度时期遗留下来的边界问题以及与之相关的所谓“西藏问题”，不存在其他什么大的问题。半个多世纪以来，两国虽因边界问题发生过分歧、对峙、武装冲突，双边关系也因边界争端多有挫折和起伏，但从总的趋势来看，边界问题对中印关系大局的影响在减弱，主要体现在以下几个方面。

一是边境形势趋于平和。20世纪50年代后期，边界问题开始凸显，

* 孟庆龙，中国社会科学院世界历史研究所研究员。

并导致中印关系不断恶化。50年代末60年代初，西藏叛乱、达赖出逃印度，特别是1962年边界战争使中印关系全面恶化，印中走向战略对立。60年代后半期至80年代，中印边界又爆发过几次严重危机。1970年，中印关系开始出现缓和，但缓和进程因第三次印巴战争和印方原因屡屡受挫。1971年12月，印度将印控中印东段争议地区“东北边境特区”升格为“中央直辖区”。1974年9月，印度把锡金变为它的一个“联系邦”，1975年4月吞并锡金。1975年10月，中印边境部队在东段土伦山口发生武装冲突，导致大使级外交关系迟至1976年9月才得以恢复。1979年，印度外长访华，拟就改善和发展中印关系全面交换意见。1981年6月，双方同意边界分歧没有必要成为改善中印关系的障碍，边界谈判在中断20年后得以恢复。自1981年12月至1987年11月的6年里，中印就边界问题和发展两国关系的具体措施举行了8轮会谈，虽然边界问题进展不大，但其他方面获得进展。1986年，中印再度因扯冬和桑多洛河谷发生公开争辩，印度将此前在中国藏南地区成立的“阿鲁纳恰尔中央直辖区”升格为“阿鲁纳恰尔邦”，中国政府提出严重抗议，宣布不予承认。1988年12月，拉·甘地在其外祖父尼赫鲁1954年访华34年后作为印度总理第一次访华，被称为“破冰之旅”，标志着1962年以来中印相互对立的结束和新的睦邻关系的开始，中印关系走向成熟。此后，中印边界问题虽有争论、争吵，但都有效避免了武装冲突的发生。

二是对历史问题认识的分歧减少、共识增加。中印边界问题是典型的英国殖民主义的产物，两国在边界争端上的症结源于双方对历史遗留问题的认识和解读上的差异。中印边界问题是英帝国主义者于19世纪末20世纪初期，通过精心谋划，狡猾地埋在中印之间的一颗炸弹。英国为了扩大英属印度势力范围，试图以文件形式划定英属印度的地理边界，为此采取了图谋西藏“自治”、制造“麦克马洪线”等一系列措施，为日后中印边界争端埋下了纷争的种子。中印边界争端长期得不到解决，除了英国因素外，主要还由于中印双方对这一历史遗留问题截然不同的认识和解读。

印度政府在1947年独立后即宣布接管英国有关西藏的所有条约权利和义务，要求中国接受1914年西姆拉会议的结果，承认“麦克马洪线”。中国则一直否认《西姆拉条约》及“麦克马洪线”的合法性，认为中印边界从未划定，但主张根据历史实际情况，通过与印度进行友好谈判，重新商定边界线。鉴于上述根本性分歧，再加上国际环境的影响、两国建国时间不长、外交上经验不足，20 世纪 70 年代末之前，中印在处理边界问题和两国关系时，言辞和行动上都不够成熟。80 年代以后，两国及国际上对这一历史遗留问题的认识越来越客观、全面，过激或情绪化的言行明显减少。虽然两国对“麦克马洪线”的立场没有根本性改变，但在相关历史研究中出现了新的迹象，如近年来，中、印、英等国学者利用原始档案资料对中印边界问题的起源、责任和影响进行了深入研究和解读，提出了新的观点，甚至一些印度学者也接受了中国学者的看法，即英国当年在“麦克马洪线”及“西藏问题”上玩了阴谋，在中印边界冲突的历史根源上难辞其咎，负有直接责任。中印学术界的研究和交流活动，为官方通过谈判推动边界问题的解决提供了咨询和支持。

两国对 1962 年边界战争的态度大不相同。中国一直做淡化处理，认为这只是两国关系中的一个插曲，近年来媒体、学术会议及教科书很少评论或提及这场冲突。印度方面一直把这次战败视为耻辱，却提不出多少支持其边界立场的历史依据，激烈、好战的言论越来越少。此外，对待决策者的态度也明显不同。印度有些人把当年战败的责任归咎于尼赫鲁，甚至认为他是历史的罪人；中国虽然认为尼赫鲁对边界冲突和两国关系恶化负有不可推卸的责任，但仍视其为印度民族独立运动的领袖、和平共处五项原则的主要倡导者之一、不结盟运动的主要发起者，是一位具有世界影响的领导人。中国的态度对于中印关系的正常发展起了重要作用。

三是在边界问题上不断增进互信、有效管控分歧。20 世纪 80 年代末以后，两国领导人互访增加，中印关系发展加快，边界问题向前缓慢推进。1988 年拉・甘地访华后，中印边界问题谈判在若干问题上达成共识。1991 年 12 月，李鹏总理访印，双方对边界问题表示了共同的关心与愿望。1993 年 9 月，拉奥总理访华，两国签订《关于中印边境实际控制线地区保持和平与安宁的协定》，规定双方通过和平友好方式协商解决边界问题。1996 年 11 月，江泽民主席访印，双方签署《中国和印度关于在中印边境实际控制线地区军事领域建立信任措施的协定》。2003 年，中印边界问题特别代表会晤机制成立，2016 年 4 月举行了第 15 次会晤。到目前为止，边界问题取得实质性进展，根据双方达成的协定：（1）在边界问题未解决的情况下，维护中印边境地区实际控制线两侧的和平与稳定。（2）边界问题上的分歧不应影响双边关系的整体发展；双方应本着和平共处五项原则，从两国关系大局的政治角度出发，通过平等协商，寻求公平合理以及双方都能接受的解决边界问题的方案。1996 年之后，中印边境地区未发生过冲突，双方边民、军队和平共处。莫迪总理 2015 年 5 月访华前夕说："中印边境并非动荡不安。四分之一个世纪过去了，连颗子弹都没飞过。" 2015 年 8 月 1 日，中印两军在此前曾经对峙过的拉达克地区斗拉特别奥里地设立第五个边防会晤点，16 日，两国边防官兵又在此共庆印度独立日。2016 年 3 月发布的印度国防部报告在谈到中印边境地区时措辞异常平和，称"继续和平"，"两国军队虽然对'实际控制线'理解不同，但双方通过热线建立了会晤机制，举行了边防人员会议"；4 月，印度国防部长称"对华关系是印度最优先处理的事务"，李克强总理 21 日表示，要继续从中印关系大局出发，探讨通过外交途径以和平方式妥善解决边界问题。在找到公平合理、双方都能接受的解决方案前，一定要管控好分歧，共同致力于维护边境地区的和平与安宁。

二　处理南亚地区关系更加冷静、务实

影响中印关系发展的另一重要因素是中印两国与南亚其他国家的关系。南亚地区一向被印度视为其势力范围。在 20 世纪 50 年代末至 70 年代中期，尽管中国本着平等互利、坚持原则的方针发展与巴基斯坦、尼泊尔、不丹等南亚国家的关系，但印度却高度敏感。随着中印关系改善，印度对中国发展与南亚国家的关系反应渐趋冷静，在处理与这些国家的关系时更加务实。

中国与巴基斯坦经济、军事、外交关系密切，但在处理印度最为敏感的克什米尔问题时一向坚持中立原则，对印控克什米尔的归属不持立场，中印关系缓和后还在印巴之间做了大量的调解工作。印度虽然对目前正在推进的中巴经济走廊建设不悦，但也没有过激言辞。有印度媒体对 2015 年 6 月中国潜艇首次访巴进行炒作，但也有印媒认为没必要对此过度解读。中国对尼泊尔一直提供大量经济援助，但印度在很长时间里戒心很重，屡屡对尼施加影响。中国对此并没有提出批评，甚至为了满足印度的要求，修改与尼泊尔业已签署的道路建设协议，让出一部分给印度。2015 年 10 月印度封锁尼印边境导致尼泊尔汽油严重短缺后，中国应尼请求紧急提供了 130 万升汽油以解燃眉之急，但并未对印度的做法进行评论。在

与不丹、孟加拉国、斯里兰卡等国的关系中，中国也基本上遵循了上述原则。近年来，印度在与邻国的关系上越来越务实，如 2015 年 6 月与孟加拉国互换 162 块飞地，化解了长达 300 年的恩怨，被称为“南亚柏林墙倒塌”之举。

令人感到欣慰的是，20 世纪末以来，印度对中国发展与南亚他国关系的反应不再像以前那样敏感。如 2016 年印度国防部报告就与以往不同，没有直接点中国和巴基斯坦的名。警惕、对抗为主调的心态逐渐被审慎、竞争和合作所替代。

三　域外因素对中印关系的影响越来越小

20 世纪 50 年代以来，英国、美国、苏联等国，曾经在不同时期对中印关系的发展产生过较大影响。随着中印关系正常化、两国综合国力的提高，以及国际局势的变化，这些因素的影响力越来越小。中华人民共和国成立后一直奉行独立自主外交政策，在中印关系上没有受到任何外部因素的影响，1962 年 10 月的对印边界自卫反击战是在国内国际形势最困难的时候进行的。印度方面，其对华政策五六十年代多有其前殖民国英国的影子，此后受苏联和美国的影响较大。美国在 1962 年边界战争中先是误导印度进行军事冒险，后又向它提供大规模军事援助欲拖延战事，以图扩大美国的影响。但印度独立后推行自主外交，即使在中印关系低谷时期最需要外部援助时也不接受有损国家主权和民族尊严的苛刻条件。近年来，印度外交更加灵活，与其他大国的关系基本上是基于利益原则。2015 年 11 月有印媒文章就直言不讳，称印度可从中日之间的经济角力中“渔翁得利”。2016 年 4 月有印度学者直言，“印度永远不愿公开与美国携手”，但为了平衡中国可以与美国及其盟友进行合作。

值得注意的是，近年来夸大、渲染中印不和甚至遏制、对抗的主要是日本、美国、英国等外国媒体，印度媒体则较少。如 2015 年 5 月，日本媒体称莫迪推行“近攻远交”外交战略是为了遏制中国；9 月初，日媒和澳大利亚媒体称印澳首次举行海军演习剑指中国潜艇；12 月，日媒把首相安倍晋三访问印度、日印走近称意在应对“中国崛起”，美国媒体把印日签署铁路和防务协议说成是图谋制衡中国。2015 年 5 月底，在莫迪访问孟加拉国前夕，英、日、美、澳等西方媒体齐声炒作“中印竞争”。印度有少数人，如空军参谋长妄称中国“遏制印度”，但多数媒体发声较为理性。如2016年4月有印媒对中国在斯里兰卡建设港口、加强防务合作只是说给印度带来了挑战，还有印媒提醒对美国要保持戒心。2016年4月美国防长卡特在南海高调“刷了存在感”之后访印，大谈美印“要在本世纪成为战略伙伴”，印媒直言卡特此行有中国因素，印度应“睁大眼睛”不要被他国利用。印度防长在卡特访印几天后便访问了中国。对于美国渲染美印战略同盟关系，在地区和全球层面上支持印度发挥更大作用，中国并未评头论足，而是胸襟宽广，泰然处之。而就在这个节点上，中俄印三国外长在莫斯科会晤时发表了南海问题应当通过当事国之间谈判解决的声明，支持了中国的立场。

四　中印之间共同利益远大于分歧

中印之间相互了解不对称，中国人对印度的了解要远远大于印度人对中国的了解。边界争端及其导致的关系恶化对中印两国来说，都有值得总结的地方，对于两国自身的建设和发展造成了一些负面影响。特别是对印度来说，1962年战败的心理和战略影响持续至今。中印分别在20世纪七八十年代末开始集中精力搞经济建设，虽然边界问题至今仍未解决，战略谋划多有不同，也存在竞争，但两国拥有越来越多共同的经济利益和商业利益，良好的双边关系至关重要，在地区和国际问题上共同利益远大于分歧，其演进前景绝对应当是双赢而非零和博弈。2015年6月，中国自1962年战争后首次开放乃堆拉山口，为印度朝圣者进入西藏提供方便。印度分析人士认为中国此举表现出极大善意，印度也应释放出更多积极信号。不少印度媒体和高官认为，中国是发展“最好的榜样”，“一带一路”倡议、亚投行、金砖国家开发银行、区域全面经济伙伴关系等，都是为了建立亚太新秩序，并对全球产生影响，世界应当习惯崛起的中国；印度应积极看待中国的“一带一路”倡议，其连通中亚政策应与“一带一路”倡议协调推进，不必担忧中国的战略意图，心态应更加开放，搭上中国的“丝路班车”。2016年4月，中印高层表示要妥善处理边界问题，深化经济、安全等各领域合作，推动两国关系取得更大发展，成为亚洲发展的

“巨大引擎”。

中印边界问题十分复杂，中印关系有许多问题要处理，今后的发展过程不可能一帆风顺。但越来越多的中印有识之士达成共识：只要中印握手，亚洲大陆就会和平、稳定，整个亚洲就不大可能出现大的动荡，将迎来光明的前景，这也定将对世界的和平与繁荣做出重大的贡献。

入世传统、文化嵌入性与圣俗关系

——论缅甸社会中的佛教自主性

[缅] 伍庆祥*

佛教为何在缅甸社会和政治中扮演如此重要的角色？针对这个问题，学界倾向于从制度主义角度来进行分析，把佛教看作依附在制度结构下的被动对象。该分析路径又可分为两种，一是对制度的被动反应所产生的佛教—民族主义分析；二是被政治人物的工具性使用的佛教—极端主义分析。

在第一种路径下，有学者认为民族主义和殖民经历是一体两面；宗教原教旨主义是宗教受到现代世俗政体排斥而产生的一种强硬反应。并据此提出，泰国因为未经历殖民，宗教界在泰王的邀请下参与到泰国的现代化进程中，因此既没有宗教—民族主义也没有原教旨主义。而缅甸恰恰受这两个因素影响，因此出现较激烈的宗教政治运动。① 殖民经历和现代世俗政体的排斥无疑是缅甸宗教—民族主义产生的一个重要原因，但仅将殖民经历和现代化过程进行截面分析，将无法窥得佛教与缅甸政治关系的全貌。我们需要从更长的时间维度来理解缅甸佛教：上座部佛教自 1044 年缅甸首个王朝蒲甘（Bagan）王朝建立起，僧侣就具有参与公共事务的自主性。因为即便在殖民时期，“英国殖民者就认识到，如果不通过地方上的比丘僧人，在信奉佛教的农村，殖民地政府官员几乎是无法直接同农民打交道的”②。

而在第二种工具论路径下，有学者将佛教徒与非佛教徒之间的敌对与

---

* 伍庆祥（Heinkhaing），缅甸华人，复旦大学社会发展与公共政策学院博士候选人。

① 刘宇光：《为什么宗教—民族主义及原教旨主义没有在现代泰国佛教僧团滋长？》，《人间佛教研究》2012 年第 3 期。

② 宋立道：《南传佛教的历史地位与现实社会意义》，《世界宗教文化》2016 年第 2 期。

排斥归结为由执政者的政治修辞所挑起的。[①] 先不论该学者将杜昂山素季（Daw Aung San Su Kyi）所说的“谴责任何以仇恨和极端主义为基础的运动”解读为“对佛教极端主义的默许和纵容”的政治修辞是否符合修辞学逻辑，也不论这些政治修辞实际上是若开邦宗教冲突[②]（即佛教极端主义的实际表现）发生之后所产生的，以及杜昂山素季表达上述言论时（2012 年）并非执政者这一事实，这种从工具论路径将极端佛教主义解释为执政者一手建构的结果，忽略了佛教文化在缅甸社会的嵌入性——执政者本身就是佛教徒，其行为模式也会受到佛教文化的影响。

以上两种分析路径都忽略了佛教在社会和政治事务中所具有的自主性，而将分析的重点放在非佛教的因素上——外在制度与政客的政治修辞策略。制度与策略是影响佛教—民族主义/极端主义产生的结构背景和条件，但它们并非佛教—民族主义/极端主义本身。本文认为，要理解佛教在缅甸社会及政治所具有的影响，需要将焦点放在佛教在缅甸社会所具有的文化自主性，这可从以下三个方面来理解：缅甸历史长河中佛教所形成的入世传统、佛教文化在缅甸社会的嵌入性以及在这样的传统和文化嵌入性下，佛教僧侣与社会所建立的圣俗互动关系。

缅甸政治发展与上座部佛教的入世传统

缅甸政治历史可分为六个时期来考察，分别是封建时期（1044—1885）、殖民时期（1885—1948）、独立初期（1948—1962）、社会主义时期（1962—1988）、军政府时期（1988—2010）以及改革开放时期（2011 年至今）。从缅族阿奴律陀王于 1044 年称王，建立首个缅族的统一王朝蒲甘王朝，将上座部佛教定为国教，将孟族高僧阿罗汉请为国师后，上座部佛教就与缅甸政治发展形影不离。在阿罗汉的建议下，阿奴律陀王开始扫清此前对蒲甘政治和社会具有极大影响力的密宗阿利派僧侣，攻打南方的孟国以获得该国的三藏经卷。

① 钟小鑫：《缅甸佛教极端主义的历史根源及其当代展演——入世传统、民族主义与政治修辞》，《东南亚研究》2017 年第 5 期。

② 缅甸自 2012 年始，在西部若开邦发生的穆斯林和佛教徒之间的宗教—民族冲突。

在接下来的800多年封建历史中，缅甸经历了五个朝代，僧侣在缅甸政治的各个方面都有深度的介入。如在外交方面，当蒙古大军攻破蒲甘时，蒲甘国王派出了国师释迪达巴貌卡作为求和代表出使元大都；在“地方”事务方面，茵瓦王朝国师司裘涂蔑制止了茵瓦与南方孟国的40年战争；在王室斗争方面，娘惹王朝国师森觉曾率领僧人在王子叛乱事件中保护了国王性命，平定了王子的政变。由于僧侣在缅甸封建政治的影响力，有时也会使国王感受到威胁。如茵瓦王朝的第15代国王都罕波在夺取政权后，由于担心僧侣的反对，曾进行了大规模的“灭佛行动”。另一方面，南方孟国的著名君王达摩悉都原本就是和尚，由于被孟国女王看中，招为驸马后继承了孟国王位。在整个封建时期，虽历经朝代更迭，但上座部佛教在意识形态上的地位几乎没有过任何动摇，一些国王曾试图进行宗教改革来管控僧侣对社会和政治的影响，但多数时间政权和僧侣总是相表里。

在殖民时期，僧人也一直是反英殖民的中坚力量，僧侣成立了各种民族主义组织如青年僧侣团来反对英殖民者。而缅甸首个由受过西方教育的青年成立的民族主义团体也是以佛教命名的缅族佛教青年协会（Young Men's Buddist Association，YMBA），该协会后来改称为缅族总大会（General Council of Burmese Associations，GCBA）。缅甸首份民族主义报刊 *The Wunthanu*（有缅语和英语两种版本）也是由僧侣编辑出版的。不论是YMBA还是后来的GCBA，僧侣都是主要的反殖民领导者，殖民统治期间发生的农民大起义、工人大起义等也都有僧侣的身影，而后来在日本接受培训成为缅甸独立军创始团队的“三十志士”中也包括一名僧侣。

缅甸于1948年独立后，佛教对社会凝聚的作用更加明显。时任总理吴努为了获得更多选民支持，于1961年第三次宪法修改中将佛教定为国教，并制定包括每年使用50%的政府财政支持弘法事业的条文①等各种支持佛教发展的政策。第三任总统②克伦族基督教徒曼温貌也在上台时迫于压力“改信”佛教。这些政策进一步激化了缅甸信仰不同宗教的各少数民族与主体缅族之间的矛盾，导致国内动荡不安，最后在军人夺权后于1962年进入了社会主义时期。该时期再次取消了佛教作为国教的地位，

① 虽然条文中指的弘法事业包括其他宗教，但在实际操作上只是针对佛教而已。

② 根据缅甸独立初期的体制，总统是国家象征，政府的实际领导者为总理。

但领导人在阐述缅甸特色社会主义思想时，也常常需要借用佛教词汇和理论，“是一种浓厚佛教色彩的哲学与人道主义相结合的理论，与科学的社会主义思想不同”①。在这期间缅甸经济情况不断恶化，遭受了由僧侣和其他民众共同发起的多次抗争运动，1988 年“8888”运动后军队接管政权，缅甸进入了军政府时期。该时期，军政府通过大力推广佛教文化，与僧侣保持密切的来往，但又不允许僧侣议政。不过，在 2007 年，由于全国油价大幅上涨导致社会动荡时，僧侣再次发起大规模的运动向军政府抗议。

2011 年，缅甸改革开放后，社会呈现出多元化、自由化特征，僧侣对公共事务的参与也更加广泛。自 2012 年以来，缅甸西部若开邦爆发罗兴伽/孟加拉裔②穆斯林和若开佛教徒之间的宗教与种族冲突，至今冲突不断。期间，缅甸出现了 969③ 组织与 MaBaTa④ 组织等佛教—民族主义运动组织。969 组织到处宣讲“反穆”言论，MaBaTa 甚至跨界起草了四项民族保护法——《人口增长率控制法》《变更宗教信仰法》《缅族佛教妇女婚姻法》及《一夫一妻制法》，并获得国会通过。僧侣们对政府的各种公共政策发表意见，在许多外资项目的抗议中也有僧侣的身影，由于对现政府在若开民族冲突问题的处理不满，僧侣还曾公开示威要求政府下台。从目前的局势来看，现政府虽然试图“控制”佛教民族主义势力，但由于僧侣的崇高身份也无法进行强制性管控。

纵观缅甸一千多年的政治发展史，在王权/政府和僧侣的共同建构下，上座部佛教僧侣形成了深厚的入世传统，体现了僧侣在政治和公共事务上不受朝代更迭和政策变动影响的自主性。虽然在不同的时代背景下僧侣参与公共事务的内容和方式有不一样的体现，如在封建时期更多是对王权的积极协助，在殖民时期表现为对外来者的抵制，而自独立以来僧侣参与的

① 李晨阳：《佛教对缅甸社会主义思潮的影响》，中国佛教文化研究所《佛学研究》1999 年第 00 期。

② 该群体自称为罗兴伽族（Rohingya），但缅甸不承认世上有罗兴伽族，并指该群体实际为孟加拉裔（Bengali）非法移民。为表示中立，本文采用并列两种名称来指称该群体。

③ 969 分别指佛的 9 德、法的 6 德、僧的 9 德，是为对抗缅甸穆斯林的 786 标志而生。缅甸及南亚穆斯林以 786 作为穆斯林标志，原是《古兰经》中“奉至仁至慈真主之名”一句的阿拉伯数字的转写，但被缅甸佛教徒广泛解读为 786 相加得 21，指穆斯林将在 21 世纪统治全世界。

④ MaBaTa 是缅语“宗族、宗教、弘法保护组织”的缩写，是在 969 基础上进一步扩大而成。

公共议题更加多元化，但不变的是僧侣对公共事务参与的热情，僧侣一直是影响历史走向的积极主体。而僧侣之所以具有这种参与公共事务的自主性，是佛教文化在缅甸社会中嵌入性的体现。

缅甸社会中佛教文化嵌入性

以上讨论了佛教僧侣作为能动者参与政治事务的历史传统，而这样的传统是基于上座部佛教文化在缅甸社会中的嵌入性基础。从日常生活及文化的各个角度都能看到上座部佛教文化的特征。

缅甸是以上座部佛教为主要信仰的国家。缅甸 2014 年人口调查的数据显示，缅甸 5000 多万人口中有 89.8%信仰佛教。[①] 缅甸宪法中第 361 条写明：国家将佛教信仰认定为国内信仰人数最多、具有崇高特征的宗教信仰。而在第 362 条写明，基督教、伊斯兰教、印度教与民间神灵信仰为受国家承认的宗教。可见，虽然缅甸宪法并未将佛教定为国教，但佛教的地位依然高于其他宗教。因此，缅甸不论自称还是他称都被表述为“佛教国家”。

“在缅甸人民看来，佛教不仅是一种信仰，更是一种生活方式，包含了他们的精神、文化与政治认同。佛教对缅甸人的一生都有重要影响，贯穿于他们的社会、经济、政治与文化生活之中。”[②] 缅甸文化的一个特色是缅族人有名而无姓。有名无姓的文化特征使缅族缺乏宗族概念，进一步导致民族和国家概念的弱化。因此，需要比宗族、民族和国家概念更具有凝聚力的认同来维持社会的团结。而缅甸文化的萌生与发展又都基于上座部佛教文化，如缅族人在人种学上是藏缅系人种，但在缅族文化中却认为缅族是释迦牟尼佛家族后人自印度迁移过来的。缅语是由巴利语（记录上座部佛教经典的语言）演变而来，缅文也是自梵文演变而来，在缅语中寺庙与学校属同一个名词。从蒲甘王朝到最后一个王朝贡

① 《2014　缅甸全国人口统计报告：联邦宗教报告（2—C）》，缅甸入境管理与人口部人口厅，2016 年 7 月。The 2014 Myanmar and Housing Census，The Union Report：Religion Census Report Volume 2-C，Department of Population Ministry of Labour，Immigration and Population Myanmar，July 2016，www.myanmar.unfpa.org，2017 年 11 月 3 日下载。

② 玛格利特·黄：《缅甸佛教与王权》，《南洋问题研究》2006 年第 2 期。

榜王朝，缅甸的封建历史中，寺庙教育一直都是王公贵族唯一的教育制度。至今，许多寺庙还负担着学校的功能。缅族的传统节日几乎全部是与佛教有关的节日。可以说，如果将上座部佛教文化抽出，缅族文化也就无法存在了。

于是上座部佛教文化成为维护社会团结的重要认同。对于缅族人的身份认同来说，宗教认同度最高，民族认同度次之，国家认同度最低。宗教认同度又是整合民族认同和国家认同的主要力量。从缅族人在表达自己的身份时就能得知佛教对其身份认同的作用，缅族人总是会说：我是佛教徒缅甸人——宗教身份在前，民族和国家身份在后。宗教认同的强大还可以从以下两个案例中得到证明。虽然，缅甸现任国家领导人杜昂山素季由于与英国人迈克·阿里斯（Michael Aris）成婚，因此根据宪法无法成为国家总统，但民众对其英国亡夫却并不排斥，理由是“他是佛教徒”。[①] 杜昂山素季在介绍亡夫时也说，他本来也是英国人，后来变成佛教徒缅甸人。[②] 另外，虽然华侨华人与“南亚裔”人是缅甸两大“外来民族”，但相对于“南亚裔”人，华人受到更友善的对待，原因在于绝大多数华人是佛教徒。缅甸自 20 世纪 60 年代将全国的华文学校收归国有，但后来特别是中部和南部的华人以“华人寺庙”的名义[③]得以继续开办华文补习班直至今日。

可见，对缅甸社会来说，基于佛教的认同是一种超越民族认同和政治限制的认同，是否佛教徒成为缅甸人区分他人的最重要因素。佛教文化深深地嵌入缅甸社会，以至于缅甸有句俗话，“只要是真的缅甸人，就一定是佛教徒”，这句话很好地说明了缅甸人不论处在社会的任何层面，其思维和行为模式都会受到佛教文化的影响。因此，佛教不可能成为一些政客根据策略任意使用的工具，相反政客的言行反而会受到佛教文化的影响。

---

① 本文对迈克·阿里斯是否真为佛教徒并不在意，分析重点在于民众以佛教徒的观念来看待他人的现象。

② 实际上，迈克·阿里斯并未入籍为缅甸人，但在杜昂山素季的语境中，所希望传达的是其佛教徒身份决定了其缅甸人身份的逻辑。

③ 北部华人由于人口较多，“山高皇帝远”，因此许多华文学校得以在非正式承认的情况下继续开办，是特殊案例。

僧侣与社会之间的圣俗关系互动

缅甸僧侣悠久的入世传统及深厚的佛教文化嵌入性，不仅表现在一些特定的、重大的政治事件和时期，更表现在日常生活中僧侣与社会之间圣俗关系的互动细节当中。这些具体的互动关系既是僧侣入世传统和佛教文化嵌入性的体现，也是对僧侣入世传统和佛教文化嵌入性的再生产手段。上文中曾谈到佛教僧侣起草法律、抗议外来者或政府等行为都是僧侣参与公共事务的结果，而不是参与的形式和过程。僧侣对公共事务的参与实际上是通过在日常生活中圣俗关系的建立和互动来达成的。

根据上座部佛教的传统，男子在人生中都必须至少出家一次，并且有着在不同人生阶段或转折点短暂出家的传统。这个传统一直延续到今天。如前总统吴登盛（U Thein Sein）2016 年在大选失败下台后就曾短暂出家。通过这样的“出家传统”，佛教将世俗的人都内化成为遵循佛教教义指导的“佛教中人”。此外，缅甸文化也将人生的阶段分为求学、工作、事佛三个阶段，将“事佛”定为人生最后的、最高的、最重要的阶段。通过对人生阶段的划分，使佛教事业成为最崇高的人生目标。这也使得佛教僧侣在缅甸拥有崇高地位，表现在任何人不得与僧侣同坐同食，即便是比僧侣年长者或者国家领导人都必须在僧侣面前下跪，如必须与僧侣同坐开会讨论，即便国家领导人或官员们也都要将主座让给僧侣；与僧侣交流须用特定的敬语，称呼僧侣为菩萨或大师、自称为弟子等。僧侣通过建构与再生产这样的互动规范，将公共领域带入了佛教领域。

此外，基于上座部佛教的化缘和供养的互动行为，又使佛教领域进入到公共领域。上座部佛教强调僧侣必须通过化缘来获得食物。因此，每日早晨僧侣都会外出化缘。僧侣的化缘有三种方式，一是成群结队的集体外出化缘；二是分散化缘；三是个别僧侣定时到固定的人家化缘。化缘是佛教行为，却不是发生在佛教领域的，通过化缘，僧侣的佛教行为的活动半径扩散到更大的社会领域之中。对于佛教徒而言，向僧侣布施是所有慈善布施中功德最高的善行。缅甸佛教徒们除了对僧侣化缘时的被动布施以外，也提倡各种形式的主动布施，这些布施常常表现为公共性。例如，在重要的节日（不只是佛教节日，也包括非宗教性的政治节日，如独立节等）对僧侣进行布施，在一些公共设施，如大楼、大桥、公路的建成典礼上对僧侣布施等。这些布施未必是在寺庙内进行的，往往是在公共场合进行的，因此其影响不仅局限于佛教徒群体，也包括了其他非佛教徒群体，使佛教更加公共化。化缘与布施行为，不仅使佛教扩张到公共领域，也为僧侣提供了了解和介入公共事务的途径。化缘与布施的过程使僧侣和社会增加了许多沟通的机会，僧侣根据化缘所得的情况和布施数量多少，得到民众生活状况的第一手资料。僧侣们对社会事务极为关注，并将社会事务视为己任。

在佛教与社会的互动中，佛教通过将公共领域带入佛教领域的方式获得了僧侣介入社会事务的途径；通过将佛教领域带入公共领域的方式，增进了僧侣与社会事务的关联度。在这两种模式的作用下，缅甸僧侣才能一直在公共事务中表现出积极的自主性。

小结与余论

本文通过缅甸上座部佛教的入世传统、佛教文化的嵌入性以及佛教与社会的互动特征来解释佛教并不是依附在结构条件下的毫无自主性的制度性反应和政客建构的工具，而是独立于社会结构的自主行动者。忽视佛教自主性的路径，只会将研究带入与佛教本身无关的社会制度和政客等的策略行为。只有认识佛教所具有的自主性，才能把研究对象放在佛教本身——佛教文化与僧侣。

曾经的被殖民经历虽然对佛教参与公共事务的方向有一定的影响，但纵观缅甸政治史的发展，可以发现僧侣一直有着参与公共事务的自主性传统。缅甸社会是以佛教文化为基础而建立的，对佛教的认同远远高于民族和国家的认同。因此，作为缅甸大家庭的一分子，缅甸民众的思维模式必然受到佛教文化的影响。佛教领域的公共化和公共领域的佛教化是缅甸上座部僧侣与社会的互动关系的特点，僧侣通过这样的互动模式，获得了参与公共事务的途径。

此外，目前主流的结构主义和政治学研究，将当代的缅甸佛教现象定性为佛教—民族主义、佛教—极端主义、佛教激进主义等站在世俗角度上的、具有道德批评色彩的概念。但上述概念并非缅甸佛教的本质。实际上，缅甸历史上以及当代的佛教现象，只是佛教神圣观念对世俗领域的各种议题——如民族问题、政治问题、社会问题等的渗透和影响传统的反映。而且，可以预见，在缅甸未来的发展中，上座部佛教还将继续在民族问题、政治问题、社会问题上继续发挥其自主性的作用。

行走的经验

苏丹：努比亚人的守望

［加］ 迟越*

苏丹，北非沙漠里的神秘国度。召唤我的是一个曾经文明程度很高，而后遁然消失的古国库什——那个由古代努比亚人创立并拓展的一个盛产黄金的古国。

努比亚人是从公元前3000年前后就生活在现今苏丹北部和埃及南部地区、尼罗河流域的一个古老民族。作为地球上第一种黑人文化，一些考古学家和人类学家相信努比亚是地球上第一个人种。努比亚也有可能是生命的起源之地，也就是传说中的伊甸园。世世代代，努比亚曾经在文化与经济上绽放光芒。而后，却突然谜样地没落、消失，然后被世界遗忘，从此无人问津。古代努比亚人的后裔如今生活在北苏丹，他们过着怎样的生活？他们的白骆驼、金字塔、神庙的石拱门和刻有晦涩难懂古老文字的神秘石碑呢？

去苏丹的另一个目的是探路。十年来，我和我先生大卫（David）带领自驾车队在欧亚大陆之间穿行“丝绸之路”，而纵穿非洲则是我们的下一个计划。我们的车队走过南半球部分的非洲大陆，由南非直抵肯尼亚的内罗毕，而后继续往北。我们对埃塞俄比亚和埃及还算熟悉，唯一陌生的就是苏丹了。只有亲历在苏丹境内的穿越，方可做出详细的行车计划。

出了首都喀土穆，我驾车沿着尼罗河一路北上……

享有世界第一长河美誉的尼罗河发源于赤道以南的东非高原，流经苏丹和埃及，纵穿撒哈拉沙漠，注入地中海。尼罗河中游的两条主要支流——白尼罗河和青尼罗河在苏丹的首都喀土穆汇合，一路向北，接纳了多个支流后，进入埃及。尼罗河冲出的三角洲，孕育了众多绿洲，造就了

---

* 迟越，丝绸之路资深自驾探险旅行家。

努比亚人的农耕和牧业。

早于古代埃及，努比亚人曾建立过一个已经掌握炼金技术、建立炼金中心、形成黄金产业的富裕国度。数百处的古代文化遗址散落在尼罗河两岸，被风沙覆盖。谁也不知道这个曾经的强权国家因何而起、又为何而亡，留有记载的只有它的名字——库什王国。库什王国强大的时候，一度攻占埃及，搜罗劫掠古埃及的各类黄金饰品与珠宝后便绝尘而去。库什的农业在公元前 5 世纪就已进入人工灌溉阶段，除传统的农作物外，库什人大约从公元前 4 世纪起开始种植棉花，使努比亚地区成为尼罗河流域棉花培植的发源地。

尼罗河流域的努比亚金字塔是库什王国的统治者建立的。在库什金字塔之前，没有金字塔可以在尼罗河流域超过保存 500 年以上。如今，这些在苏丹境内的金字塔已逐渐被世人遗忘。苏丹没有旅游业，考古学家们的发现也十分有限。一个去过苏丹的美国摄影师朋友介绍了会说英语的瓦利德给我，这个有着橄榄色皮肤和卷曲黑发的男孩，就成了我在苏丹的向导。

现代的苏丹，有着一段苦难的历史。它原本是非洲大陆领土面积最大的国家，6 世纪中叶，基督教传入苏丹，但未能扎根；7 世纪，阿拉伯人控制下的埃及开始侵入努比亚。阿拉伯穆斯林从埃及和阿拉伯半岛等地大规模移民苏丹，伊斯兰教便逐渐在努比亚的大部分地区占据了优势。19 世纪末，英国殖民苏丹，20 世纪的五六十年代，战事频繁，连年饥馑，经历了两次大规模的内战，直至南苏丹独立公投，成立了新的主权国家。苏丹二分为南、北，大苏丹国不复存在。

穿行在那些静默的金字塔之间，没有探访者的迹象。我们在没有路的沙漠里靠北斗星和英国人遗留下来的废弃铁轨还有火车站辨别方向……离开首都喀土穆的时候，一位老司机告诉我，向北开…… 铁轨一直在你的左手边，每走几十公里，便有一个废弃的火车站，上面有数字，数字要越走越小。等到铁轨不见了再问，你离要去的地方就不远了。

向北，再向北 …… 星光璀璨的夜晚，在金字塔旁边搭起帐篷过夜。规模最大的努比亚金字塔群在麦罗埃，位于喀土穆以北大约一百公里、尼罗河的第五和第六瀑布之间。在麦罗埃时期（公元前 6 世纪），有超过 40 位王后和国王被埋葬在那里。

这些金字塔已被世人遗忘。北苏丹的努比亚人刚刚从连年的战乱中挣扎复苏，考古学的发展远远落后于埃及人。有驼队路过时，人们很好奇我从何而来，为什么要在这里停留，为什么会对沙漠里的古老金字塔如此的情有独钟。

途中，一位在路上徒步前行的大妈求搭车。上车后，大妈说是步行去看远嫁的女儿，走路需要一天的时间。我们送她到了女儿居住的村落，看了一下里程，是20多公里。对于沙漠中只能依靠步行的努比亚人，嫁到20多公里外真算得上是“远嫁”了。

村子里的人们非常友好，坐下来一起吃东西，也不介意我拍照。

继续向北……旷野里，我努力聆听库什古国留下的历史回音。这曾经是个地处尼罗河、红海、印度洋和乍得湖之间交通要冲的富庶国度啊，与希腊、罗马、阿拉伯和印度都曾有贸易往来。库什人很早就受到埃及文明的影响，在埃及新王国时期已有城市，盛产黄金。公元前11世纪初以后，库什王国的势力逐渐强盛，而且于公元前730年征服埃及，建立了埃及第二十五王朝（也称库什王朝）。公元前656年，库什王国在埃及的统治结束，退守苏丹。在公元前530年至公元前350年间的“麦罗埃时期”达到鼎盛。库什王国的努比亚人养精蓄锐，积极发展经济贸易，传统的努比亚走廊逐渐变成了一座不同文明交汇的熔炉。

然而，后来呢？后来，库什王国为何就神秘地消亡了？从那些曾属于这个王国的努比亚人后代凝神专注的黑色眼睛里，我读到的是一种穿越千年的守望么？

驾车的终点就是尼罗河边的名城瓦迪哈勒法了。瓦迪哈勒法是尼罗河边沙漠之中的城市，人口有一万多，在苏丹算是大城市了。这里是我的向导瓦利德的家乡。回到家乡，瓦利德带我走街串巷，看望亲属。有喜笑颜开的大表哥，还有美丽而忧郁的表妹……瓦利德93岁的奶奶告诉我，当年她从沙漠里嫁到瓦迪哈勒法，是当地村庄里第一个嫁到“大城市”的姑娘，全村杀羊庆贺了三天。那时她15岁，从此再没有见过爹娘。

后来，瓦利德的亲戚们听说我在南非和欧洲用路虎车带着游客们东跑西跑，都大惊失色，嚷嚷着说，“路虎车是用来运送牲畜的啊！”我愕然。而后才明白，20世纪40年代英国人为了征服世界，建造了坚强的路虎“卫士”，50年代大批军车“卫士”被带到苏丹使用。自从50年代末英国人撤离之后，苏丹人就没有见过新型的路虎车。而这些顽强坚韧的老“卫士”，仍在北苏丹的沙漠中驰骋着，大多用来运送柴草和牛羊。男人们一边不可置信地摇着头，一边带我去看村子里的那些老路虎“卫士”。抚摸着这些有着刚劲骨架的老家伙，我似乎已经碰触到了路虎的真正灵魂。

住在老奶奶家中，白色围墙的院子里，棕榈树下摆张床，再放上一个床垫，就是卧室了。11 月的天气干燥而凉爽，没有蚊蝇。夜晚，尼罗河在不远处静静流淌，群星装饰着撒哈拉上空蓝丝绒般的天空。

告别前，老奶奶让儿媳为我绘制“汉娜”。这是阿拉伯和印度妇女中流行的手绘图案装饰，所用的颜料来自一种叫“汉娜”的植物，是当地女孩出嫁的时候必做的。“汉娜”的图案有许多讲究，据说，手脚画满图案的新娘将去夫家开始全新的生活，有些新娘在随后的日子里，就以华丽手绘为理由躲过家务劳动。等到十几天后再回娘家探视时，母亲如果看到女儿的手绘依然未褪，便会如释重负。

离开苏丹的下一个目的地是埃及的阿斯旺。驾车由苏丹进入埃及没有其他选择，只能在瓦迪哈勒法乘船至阿斯旺。每星期只有一班“苏丹—埃及”的船往返，人们往往要在开船当天的清晨就要去码头等候，起航并没有定时，等到人、货物和牲畜都上了船，沉重的铁锚就被船员们拉上甲板。

落日的时候，我半躺半坐在甲板上，看着尼罗河的水渐渐幻化为金色，脑子里面反复咀嚼着苏丹沿途的种种经历。一个面部写满沧桑的男子，靠着栏杆，长久地凝望，使我又想到“守望”这个词 …… 背负着古老历史和面对无奈现实的努比亚人，在守望着什么呢？

几个月之后，瓦利德写了信来，说他的奶奶过世了，感谢我给她拍的照片，说那些是她此生唯一的照片……

在乔卢拉和希奥利埃遇见神圣

刘嘉玮*

罗马尼亚宗教学家伊利亚德（Mircea Eliade）在其著作《神圣与世俗》中描述道："神圣和世俗是这个世界上的两种存在形式，是历史进程中被人类所接受的两种存在状况……从根本意义上说，神圣或世俗的两种生存样式依赖于人类在这个宇宙中已经占有的不同位置。"而在墨西哥的乔卢拉（Cholula）和立陶宛的希奥利埃（Siauliai），我从世俗位置短暂地迈入神圣，感受到前所未有的心灵震颤。

2016年暑假，我在墨西哥普埃布拉（Puebla）州参加学生会议，核心议题是解决古城乔卢拉存在的一个实际问题。几次的探访和田野工作，使乔卢拉这个当地人口中的"神奇城市"展现在我面前。乔卢拉位于普埃布拉城西17公里处，始建于公元前500—公元前200年，是墨西哥最古老的城镇之一。那里拥有的是墨西哥人自己建造城市的原初印迹。在16世纪西班牙入侵前，乔卢拉是一座有着10万人口、400多座神庙的宗教祭祖中心，如今也仍留有阿兹特克（Aztec）人建造的金字塔、祭坛和广场的遗迹。西班牙人攻下这里后决心重建古城，盖建天主教教堂以取代原有的神殿。到如今，在小小的乔卢拉城里，坐落着227座之多神采各异的天主教堂。这样的历史使古城乔卢拉更笼上了一层别样的神圣帷幕，乔卢拉也因此被称为"建于神殿之上的神殿地区"。

走在乔卢拉的街道上，总能远远地看到一座山顶的教堂，似乎遥不可及。一次偶然的机会，终于在当地学生的指引下走到了山脚处，才惊奇地发现这座山丘实际是一座未盖完的大型金字塔。这个源于羽蛇神信仰的大型建筑左右两侧各约405米长，涵盖了约18.6万平方米的范围。沿着山

---

* 刘嘉玮，复旦社会学系2014级本科生。

路往山顶走，金字塔顶端，便是远观已久的疗愈圣母教堂。站在教堂前，可以俯瞰整个乔卢拉的景象，眼前的这座古城五彩斑斓，古朴而灿烂，教堂、城堡、古迹错落有致，历经风霜却更加神圣静谧，让人屏息而惊叹，让人安静却又热泪盈眶。

在乔卢拉的227座教堂中，圣玛利亚大教堂是非常独特而夺目的一座。在进入教堂的一刹那，整个心就被眼前的景象占据。教堂内的墙壁、穹顶上是满目璀璨、密集、精致的金边彩色木刻，几千个面目各异的天使头像错落地雕刻在其中，光彩夺目，不留一丝缝隙。前所未有的视觉震撼配着领队老师感情真挚的讲解，带来内心的千回百转。这时，同行的新加坡伙伴开始轻声跟我聊天，告诉我他的祖母虽然去世了，但是她善良包容的品性一直影响着他们这些孩子——这也许就是人生的意义，说罢在我耳边轻轻哼唱起了圣歌。里面不让拍照，我于是在教堂买了些照片带走。不为别的，只希望能永远记住那一刻的感受——感恩、平和，充满着对全世界的爱。

西班牙入侵者曾残忍地屠杀墨西哥土著，并使天主教取代了那片土地的原始崇拜和原生信仰。到如今，对于说着西班牙语、信仰着天主教的墨西哥人来说，这一切已经再自然不过。而对于立陶宛人来说，已经拥有天主教信仰的他们，即使在国土已被侵占的时候，信仰也依然不曾改变，并成为他们进行和平抵抗的精神利器。

站在立陶宛首都维尔纽斯（Vilnius）的城堡上俯瞰整个老城，阴雨霏霏中的老城美得不可方物。这里的人们不苟言笑，却坚忍善良。位于立陶宛的KGB博物馆是苏联时代克格勃（苏联国家安全委员会）设在立陶宛的办公地，其地下室部分是当年的审讯室和处决室，直至今天看起来依然阴森可怖。苏联占领立陶宛长达五十年，大量立陶宛人在肉体和精神上遭受着各种迫害。不论是阴冷闭塞的监狱中彼时的用刑室、牢房，还是处决室里展示的那些触目惊心的处决影像，都引发了我极大的生理不适，头痛恶心，画面在脑海中挥之不去。出来后吃饭时几度失神，几次大口吐气以得舒缓。

暴力还不止于此，当苏联占领立陶宛后，又试图屠戮立陶宛人的信仰，以彻底征服这片土地。而位于立陶宛希奥利埃的十字架山则是苦难中坚韧的光。从首都维尔纽斯前往那里，乘坐几小时的火车后，再搭乘一小时的汽车，最后要在只有高速车道穿过的茫茫荒野里徒步半个多小时，方得抵达。行走在陌生而荒无人烟的土地上，面对着空旷的大地天空，自己俨然是一个朝圣者。当十字架山出现在眼前时，路途上的所有艰辛，都在心灵产生的震撼中消失得无影无踪了。

1944—1990 年，立陶宛人持续不断地自发来到这片荒野，留下十字架，用以证明他们仍然忠于原来的身份和宗教信仰——这里成为他们和平抵抗苏联占据的象征。尽管苏联政府不断搬走新摆放的十字架，并屡次试图用推土机推平移除十字架，甚至计划在附近河上修建水坝将十字架山淹没湖底，但十字架山依然倔强地保留下来。目前十字架的数量约为 10 万个，且一直在增加。今天，世界各地的朝圣者不断地带着十字架前来，安放在这片坚韧不屈的土地上。1993 年天主教教宗访问十字架山，将其称作一个饱含“盼望、和平、爱与牺牲的地方”。一块石碑上刻着当时教宗的讲话：“感谢你们，立陶宛人，因为这座十字架山向欧洲国家和全世界见证了这块土地上人民的信仰。”

在乔卢拉和希奥利埃，感同身受的那一刻，我鼻子发酸、头皮发麻，心里却是滚烫的。生活在世俗世界的我，仿佛在一瞬间进入了神圣的场域，开始理解宗教。

后　记

越来越多的人关注全球化以及相关的文化问题，我们常常会听到人们议论来自不同文化、不同宗教信仰者的因互动以及互动障碍引起的困扰。本书汇集了关注全球化与多元文化对话的学者的部分研究成果，既有理论方面的探讨，也有实证方面的经验研究，同时兼收全球化实践者的文化随笔。

非常感谢各位作者的贡献，他们中包括数十年来致力于全球伦理与跨文化对话研究的学者，有着丰富田野调查经验的社会学家、人类学家，有对多元宗教历史进行研究的历史学家、宗教学者，还有来自新闻界的记者以及行走世界的观察者。全球化必须付诸行动，由此引发的不同文化的相遇和对话，兼具实践的意义与理论思考的价值。本书集刊的部分文章曾经在复旦大学举办的“上海论坛”上简短地报告过，在此所呈现的是更为完整的版本。

在本书即将出版之际，我们诚挚地感谢所有作者和译者的贡献，感谢编辑李庆红女士的辛勤付出；感谢张祥华和王翠玲夫妇对“全球化与对话”学术研究的鼎力资助。

“一带一路”倡议是对跨文化对话与研究的邀约，也是相关学科发展的新机遇，这将带来理论旨趣与鲜活实践之间越发频繁的相遇，足以使我们的对话持续下去。

范丽珠　陈　纳

2018 年 1 月于上海